殷墟

多姿多彩 大邑商

丝路物语书系

本册主编 韩晓红 杨艳梅 岳占伟

主编 李炳武

西安出版社

图书在版编目（CIP）数据

　　多姿多彩大邑商 ：殷墟 / 韩晓红，杨艳梅，岳占伟
主编. — 西安 ：西安出版社，2021.12（2024.4重印）
　　ISBN 978-7-5541-5727-5

　　Ⅰ. ①多… Ⅱ. ①韩… ②杨… ③岳… Ⅲ. ①小屯文
化－文化遗址－介绍 Ⅳ. ①K871.3

　　中国版本图书馆CIP数据核字(2021)第234010号

多姿多彩大邑商

殷墟

DUOZIDUOCAI DAYISHANG

YINXU

主　　编：**韩晓红　杨艳梅　岳占伟**

出 版 人：屈炳耀
策划编辑：李宗保　张正原
项目统筹：张正原
责任编辑：张正原
美术编辑：李　坤
责任印制：尹　苗
出版发行：西安出版社
社　　址：西安市曲江新区
　　　　　雁南五路1868号影视演艺大厦11层
电　　话：（029）85253740
邮政编码：710061

印　　刷：三河市华东印刷有限公司
开　　本：787mm×1092mm　1/16
印　　张：14
字　　数：143千
版　　次：2021年12月第1版
印　　次：2024年4月第2次印刷
书　　号：ISBN 978-7-5541-5727-5
定　　价：78.00元

序一

阅读文物 拥抱文明

郑欣淼

文物所折射出的恒久魅力，已为越来越多的人所认识。今天呈现在读者面前的这部"丝路物语"书系，就是这一魅力的具体体现。

"让收藏在博物馆里的文物、陈列在广阔大地上的遗产、书写在古籍里的文字都活起来。"（习近平语）党的十八大以来，习近平总书记担负着实现中华民族伟大复兴的历史重任，饱含着对传统文化的深厚感情，让文物活起来始终为其所关注、所思考。让文物活起来，就是深入挖掘文物的内涵，充分发挥文物的作用。中国文物是中华民族的文明印记和精神标识，是全体中国人乃至全人类的珍贵财富；它对于激发人民群众对中华优秀传统文化的了解、认同和热爱，坚定文化自信，汇聚发展力量等作用是不言而喻的。

近年来，一些优秀的文物类书籍、综艺节目、纪录片、文化创意产品等不断涌现，文化遗产元素成为国家外交的桥梁，文物逐渐成为"网红"并受到越来越多年轻人的青睐，这些都充分彰显着"让文物活起来"已逐渐从理念转化为行动，那些在历史长河中积淀下来的文物珍存正在不断走近百姓、融入时代、面向世界。

说到文物，不能不把眼光聚焦于丝绸之路。人类社会交往的渴望推动了世界文明间的相互交融和渗透，中华文明与亚、欧、非三大洲的古代文明很早就发生接触，相互影响，相互交流。直到1877年，德国地理学家李希霍芬在他的著作《中国——我的旅行成果》里首次提出了"丝绸之路"的概念。近半个世纪以来，随着丝绸之路考古发现和学术研究的不断深入，极大地开阔了人们的视野。特别是"一带一路"倡议的全面推进，丝绸之路研究更成为国际显学。在古代文明交流史上，丝绸之路无疑是极其璀璨的一笔。它承载着千年古史，编织着四方文明。也正因为丝绸之路无与伦比的历史积淀，形成了独特的历史文化遗产，其数量之大、等级之高、类型之丰富、序列之完整、影响之深远，都是世所公认的。神秘悠远的古代城址、波澜壮阔的长城关隘烽燧遗址、精美绝伦的艺术品、气势磅礴的帝王陵墓、灿若星辰的宫观寺庙、瑰丽壮美的石窟寺……数不清道不尽的文物珍宝，足以使任何参观者流连忘返，叹为观止。2014年，"丝绸之路：长安—天山廊道的路网"成功跻身《世界文化遗产名录》，使丝绸之路迎来了新的历史机遇，也对广大文化文物工作者提出了新的要求。

"让文物说话，把历史智慧告诉人们。"这是习近平总书记的谆谆嘱托。中华文化优雅如斯，如何让文物说话，飞入寻常百姓家，是当下无数文化界人士亟待攻坚的课题，亦是他们光荣的使命。客观来讲，丝绸之路方面的论著硕果累累，但从一般读者角度，特别是从当下文化与旅游结合角度着眼的作品不多，十分需要一套全面系统地介绍丝绸之路文物故事的读物。令人欣喜的是，西安出版社组织策划了这套颇具规模的"丝路物语"书系，并由李炳武先生担任主编，弥补了这一缺憾。李炳武先生曾经长期在文物文化领域工作，也主持过"中华国宝·陕西珍贵文物集成""长安学丛书"和《陕西文物旅游博览》等大型文物类图书的编纂工作，得到了业界的充分肯定；加之丛书的作者都是有专业素养的学者，从而保证了书稿的质量。

如何驾驭丝绸之路这样一个纵贯远古到当今、横贯地中海到华夏大地的话题，对于所有编写者来说，都是具有挑战性的。这套书的优点或者说特点，可以概括为以下几个方面：

这套书最大的一个优点，就是大而全。从宏观的视野，用简明的线条，对陆上丝绸之路的博物馆、大遗址进行了全景式梳理，精心遴选主要文物，这些国宝的历史、艺术和科学价值在字里行间一一呈现。

丝绸之路文化遗产类型丰富，作者在文中并没有局限于文物本身的解读，还根据文物的特点做了大量的知识拓展，包括服饰的流变，宗教的传播，马匹的驯化，葡萄等水果的东传，纸张的发明和不断改进，医学的发展，乐器、绘画、雕刻、建筑、织物、陶瓷等视觉艺术的交互影响，等等。其中既有交往的结果，也有战争的推动。总体而言，这些内容是讲述丝绸之路时所不可或缺的内容，使读者透过文物认识了丝绸之路丰富的文化内涵。

值得称道的是，这套书采取探索与普及相结合的方式，图文并茂，力求避免学究气的艰涩笔调，加入故事性、趣味性，使文字更具可读性，达到雅俗共赏的目的。通过图书这一载体，能够使读者静静地品味和欣赏这些文物，传达出对历史的沉思和感悟，完善自己对文物、丝绸之路和文化的认知。读过这套书后，相信读者都会开卷有益，收获多多，文物在我们眼中也将会是另一番面貌。

我们有幸正处于坚持以人民为中心的改革发展伟大时代，每一件文物，都维系着民族的精神，让文物活起来，定会深入人心、蔚为大观。此次李炳武先生请我写序，初颇踌躇，披卷读来，犹如一场旅行，神游历史时空之浩渺无垠，遐思华夏文化之博大精深。兼善天下，感物化人历来是每一个中国知识分子的精神所属，若序言能为一部作品锦上添花，得而为普及民众的文物保护意识起到促进作用，何乐而不为？

是为序。

· 郑欣淼 · ⋯⋯⋯⋯⋯⋯⋯⋯⋯⋯⋯⋯⋯⋯⋯⋯⋯⋯⋯⋯⋯⋯⋯⋯⋯

原中国文化部副部长、故宫博物院原院长、中华诗词学会会长、著名历史文化学者。

丝路物语话沧桑

李炳武

2013 年 9 月，中国国家主席习近平访问哈萨克斯坦时，在纳扎尔巴耶夫大学发表演讲，首次提出共同构建"丝绸之路经济带"的宏伟倡议。2014 年 6 月，"丝绸之路：长安 — 天山廊道的路网"成功跻身《世界文化遗产名录》。

丝绸之路是世界上路线最长、影响最大的文化线路。丝绸之路是指起始于古代中国的政治、经济、文化中心——古都长安（今西安）连接亚洲、非洲和欧洲的古代陆上商业贸易路线。它跨越陇山山脉，穿过河西走廊，通过玉门关和阳关，抵达新疆，沿绿洲和帕米尔高原通过中亚、西亚和北非，最终抵达非洲和欧洲，向南延伸到印度次大陆。这条伟大的道路沟通了中国、印度、希腊三大文明，全长一万多千米。它是一条东方与西方之间经济、政治、文化进行交流的主要道路，促进了欧亚大陆不同国家、不同文明之间在商贸、宗教、文化以及民族等方面的交流与融合，为人类社会的共同发展和繁荣做出了卓越贡献。

公元前 138 年，使者张骞受汉武帝派遣从陇西出发，出使月氏。13 年中，他的足迹踏遍天山南北和中亚、西亚各地。在随后的 2000 多年间，无数商贾、旅人沿着张骞的足迹，穿越驼铃叮当的沙漠、炊烟袅袅的草原、飞沙走石的戈壁，来往于各国之间，带来了印度、阿拉伯、波斯和欧洲的玻璃、红酒、马匹、宗教、科技和艺术，带走了中国的丝绸、漆器、瓷器和四大发明，举世闻名的丝绸之路渐渐形成。

用"丝绸之路"来形容古代中国与西方的文明交流，最早出自德国著名地理学家李希霍芬 1877 年所著的《中国——我的旅行成果》一书。由于这个命名贴切写实而又富有诗意，很快得到学术界的认可，并风靡世界。

近年来，丝绸之路迎来了新的历史机遇，沿丝绸之路寻访探秘的人络绎不绝。发展丝路经济，研究丝路文明，观赏丝路文物成了新时代的社会热潮。中央文化产业发展专项资金资助项目"丝路物语"书系，便应运而生。在本书和读者见面之际，作为长安学研究者、"丝路物语"书系的主编，就该书的选题范围、研究对象、编写特色及意义赘述于下：

"丝路物语"书系，以"丝绸之路：长安—天山廊道的路网"遗产及相关博物馆为选题范围。该遗产项目的线路跨度近 5000 千米，沿线包括了中心城镇遗迹、商贸城市、聚落遗迹、交通遗迹、宗教遗迹和关联遗迹五类代表性遗迹以及沿途丰富的特色地理环境。共计包括三个国家的 33 处遗产点，其中吉尔吉斯斯坦境内 3 处，哈萨克斯坦境内 8 处，中国境内 22 处。属丝绸之路东段的重要组成部分，在丝绸之路交通与交流体系中具有独特的起始地位和突出的代表性。它形成于公元前 2 世纪，兴盛于公元 6 至 14 世纪，沿用至公元 16 世纪，连接了东亚和中亚大陆上的中原地区、河西走廊、天山南北与七河地区四个地理区域，分布于今中华人民共和国、哈萨克斯坦共和国和吉尔吉斯斯坦共和国境内。沿线遗迹或壮观巍峨，或鬼斧神工，或华丽精美，见证了欧亚大陆在公元前 2 世纪至公元 16 世纪之间人类文明进步的重要阶段，以及在这段时间内多元文化并存的鲜明特色。

"丝路物语"书系，每册聚焦古丝绸之路上的一座博物馆、一处古遗址或一座石窟寺，力求立体全面地展示丝绸之路上的历史遗存、人文故事和风土人情。这是一套丝绸之路旅游观光的文化指南，从中可观赏到汉代桑蚕基地的鎏金铜蚕，饱览敦煌石窟飞天的婀娜多姿，聆听丝路古道上的声声驼铃。古丝绸之路是人类文明的宝贵遗产，记录着社会的沧桑巨变，这也是一部启封丝路文明的记忆之书。

"丝路物语"书系，以阐释文物为重点。文物是中华民族的精神标识。"让收藏在博物馆里的文物、陈列在广阔大地上的遗产、书写在古籍里的文字都活起来。"这对于激发人民群众对中华优秀传统文化的了解、认同和热爱，坚定文化自信，汇聚发展力量不可小觑。

文物是不可再生的国之珍宝，从中可折射出人类文明的恒久魅力。对文化的认同感与归属感应当成为一种生活状态。我们从梳理丝绸之路沿线博物馆馆藏文物、石窟寺或大遗址为契机，从文化的立场阐释文物的历史意义，每篇文章涵盖了文物信息的描述、历史背景的介绍、文物价值的分享和知识链接等板块，在聚焦视角上兼顾学术作品的思想层与通俗作品的故事层双重属性，清晰地再现文物从物质性到精神性的深层转变，着力探讨文物作为一种精神力量对历史的思考。用时空线索描绘丝绸之路的卓越风华，为读者梳理丝绸之路的文化影响，以文物揭示历史规律，彰显更深层、更本质的文化自信，激发读者的民族自豪感。"丝路物语"书系以文物为研究对象，从中甄选国宝菁华，讲述它们的前世今生。试图让读者从中感受始皇地下军团的烈烈秦风，惊叹西汉马踏匈奴的雄浑奔放，仰慕大唐《阙楼仪仗图》的盛世恢宏，这是一部积淀文化自信的启智之作。

　　"丝路物语"书系，以互动可读为特色。在大众传媒多元数字化的背景下，综合运用现代科技的引进更能推动文化传播的演变进入一个崭新的领域，相契于文字的解读，更透出传统文化的深邃意蕴。为多维度营造文化解读的可能性，吸引更多公众喜欢文物、阅读文物，"丝路物语"可谓设计精良，处处体现出反复构思、创新的态度。设计重点关注视觉交流的层面，借助丰富的图像资料和多媒体技术大幅强化传统文化元素可视、可听、可观的直接特征，有效提升文化遗产多维度的观感效果。古人著书立说重字画兼备，"宣物莫大于言，存形莫善于画"，所以由"图书"一词合称。本书系选用了大量专业文物图片，整体、局部、多角度展示，让读者在阅读文字之余通过精美的图片感受文化的震撼与感动，让读者更好地认知历史、感知经典、体验当代创新之趣。

　　"丝路物语"书系，以弘扬互利共赢的丝路精神为使命。"丝绸之路：长安—天山廊道的路网"在东亚古老的华夏文明中心和中亚历史悠久的区域性文明中心之间建立起长距离的交通联系，在游牧与定居、东亚与中亚等文明交流中具有重要意义，并见证了古代亚欧大陆人类文明与文化发展的主要脉络及若干重要历史阶段以及突出的多元文化特征，是人类进行长距离交通、商贸、文化、宗教、技术以及民族等方面长期交流与融合的文化线路杰出范例。

2000多年前，我们的先辈筚路蓝缕，穿越草原沙漠，开辟出联通亚欧非的陆上丝绸之路。这不仅是一条通商易货之道，更是一条文化交流之路。沿着古丝绸之路，中国将丝绸、瓷器、漆器、铁器传到西方，也为中国带来了胡椒、亚麻、香料、葡萄、石榴。沿着古丝绸之路，佛教、伊斯兰教及阿拉伯的天文、历法、医药传入中国，中国的四大发明、养蚕技术也由此传向世界。更为重要的是，商品和文化交流带来了观念创新。比如，佛教源自印度，却在中国发扬光大，在东南亚得到传承。儒家文化起源于中国，却受到欧洲莱布尼茨、伏尔泰等思想家的推崇。这是交流的魅力、互鉴的成果。这些各国不同的异质文化，犹如新鲜血液注入华夏文化肌体，使脉搏跳动更为雄健有力。古丝绸之路绵亘万里，延续千年，积淀了以和平合作、开放包容、互学互鉴、互利共赢为核心的丝路精神。

新时代、新丝路、新长安。2017年，习近平主席在"'一带一路'国际合作高峰论坛"上指出：古丝绸之路是人类文明的宝贵遗产。为让这些遗产、文物鲜活起来，西安出版社策划出版的"丝路物语"书系，承载着别样的期许与厚望，旨在以丝绸之路的隽永品格对话当代社会的文化建构，以高度的文化自觉唤醒当代社会的文化自信。

我们作为丝绸之路起点长安的文化工作者，更应该饱含对传统文化的深厚感情，自觉担负起实现中华民族伟大复兴的历史重任，充分运用长安学的最新研究成果，为保护、研究和传承人类文明的宝贵遗产尽心尽力，助推"一带一路"伟大事业的蓬勃发展。

精品力作是出版社的立身之本，亦是文化工作者的社会担当。"丝路物语"书系的出版，凝聚着众多写作和编辑人员的思考与汗水。借此，特别感谢郑欣淼部长的热情赐序；感谢策划人、西安出版社社长屈炳耀先生的睿智选题与热情相邀；感谢相关遗址、博物馆领导的支持和富有专业素养的学者和摄影人员的精心创作；更要感谢西安出版社副总编辑李宗保和编辑张正原认真负责、卓有成效的工作。

"丝路物语"书系的出版虽为刍荛之议、管窥之见，但西安出版社聆听时代声音、承担时代使命以及致力于激活文化遗产、传播中国声音的决心定将引领其走向更远的未来。

是为序。

· 李炳武 ·

陕西省文物局原副局长、陕西省文史馆原馆长、"长安学"创始人、陕西师范大学国际长安学研究院首任院长、三秦文化研究会会长、长安研究中心主任、著名历史文化学者。

054
多元大邑商
从陶鬲说起

062
小屯南地 2172 号甲骨
一片甲骨惊天下

068
YH127 甲骨窖穴
高宗的记忆

084
殷墟王陵
古墓轶轶

098
后冈青铜觥盖
仙麑寺隐 虎啸长风

106
彭尊
吉金丰碑

112
青铜短刀
刀光剑影中的文化交流

118
陶制人头像
商代美男子

178
亚址觚角
宴饮长欢者

184
商代玉燕
燕燕于飞 和鸣锵锵

190
铜质手形器
臻备无缺

198
文字镶嵌绿松石甲骨
证『骨』泽今

204
作册兄鼎
有册有典

目录

001 开篇词

002 大邑商
商邑翼翼

014 殷墟宫殿宗庙遗址
远古的都城

020 『马危』折肩尊
千年药草覆金尊

026 商代车马遗迹
车辚马萧

032 三通排水管
城市的血脉

036 殷墟白陶
大白天下

048 铅锭窖藏
遁土铅华

124 戍嗣子鼎
商末青铜铭文的典范

130 司母辛鼎
巾帼之威

138 人头祭祀
文明中的野蛮

144 花东 H3 甲骨坑
『子』之语

150 3300 年前的殷墟乐器
敲金戛玉

162 商代玉人饰
琼石上的神灵

168 大司空村习刻甲骨
百练成书

172 亚长牛尊
穿越时空的使者

开篇词

殷墟

殷墟，位于河南省安阳市西北的洹河两岸。甲骨文称之「大邑商」或「天邑商」，「大邑」指都城规模大，「天邑」有天下中心城市之意。

殷墟，拥有许多「之最」和第一。她没有发现城垣，标志着中国开放性都邑的先河。她是由中国学术机构独立进行的首次考古发掘，开创中国考古学的诞生。她是中国历史上第一个文献可考并被考古学和甲骨文所证实的都城遗址，有规模宏大的宫殿和王陵，还有众多的手工业作坊和族邑遗址。她是中国考古发掘次数最多、发掘时间最长、发掘面积最大、发掘资料最丰富、研究人员和研究成果最多的一处古代都城遗址。她出土的甲骨文是中国发现的年代最早的成熟文字系统，是汉字的源头和中华优秀传统文化的根脉，是真正的中华基因。她出土的青铜器代表了中国古代青铜文化的最高成就，是世界青铜文明的重要代表。

1961 年，殷墟成为第一批全国重点文物保护单位。2001 年，殷墟被评为中国二十世纪百项重大考古发现之首。2006 年，殷墟作为文化遗产列入了《世界遗产名录》。2017 年，甲骨文入选《世界记忆名录》。

殷墟，在世界文明史中占有重要地位，她是中国进入世界四大文明古国的重要实证。

大邑商

商邑翼翼

商朝是一个遥远的年代，大邑商也成为一座远古的都城。这个朝代有着丰富灿烂的文明，成为世界上屈指可数的古老文明之一。

"商邑翼翼，四方之极"，这是我国最早的诗歌总集《诗经》对商朝国都的描述，赞誉殷商都城富丽堂皇是天下四方榜样。

我国早期文献中有关商朝的记载非常少，相对较丰富的是司马迁所著《史记·殷本纪》，但也只有2000多字。竹林七贤向秀为表达自己踌躇的心情，曾经在《思旧赋》中引用了箕子的《麦秀歌》，感叹道"悲麦秀于殷墟"。文献中和诗歌里商朝真的存在过吗？殷墟在什么地方呢？这个谜底直到1899年甲骨文的发现和1928年考古学家开始系统发掘安阳殷墟之后才得以逐渐揭开。

清朝末年，河南安阳小屯村一带的农民，常把在农田捡到的"龙骨"

1928 年殷墟第一次发掘，董作宾（右）李春昱（左）测量绘图

卖给中药铺。"龙骨"流向了北京和天津两地，被金石学家王懿荣、王襄等首先发现，断定"龙骨"上刻画的是一种古老的文字。又经刘鹗、罗振玉、王国维等学者的收集研究，确认这就是商代甲骨文，罗振玉还亲自到安阳寻访。

1928年至1937年，以董作宾、李济、郭宝钧、梁思永等为首的"中央研究院历史语言研究所"考古组（以下简称"史语所"）对安阳殷墟进行了多次大规模科学发掘。这是第一次由中国学者自己主持的大规模考古活动，标志着中国近代考古学的诞生，具有重要的意义。此后，除抗日战争等特殊时期外，至今近百年殷墟发掘从未间断。通过发掘，除了获得了十五万余片甲骨外，考古还提供了非常丰富的商代社会资料以及大量的遗迹遗物，基本厘清了殷墟的规模和布局，使3000多年前繁华的商王都重新展现在人们面前。在已出土的甲骨片中出现了"大邑商"这个词，这是商朝人对自己国都的美称。文献与考古的双重证据开始成为学界共识。

著名考古学家夏鼐在《中国文明的起源》一文中曾指出，"商代殷墟文化实在是一个灿烂的文化，具有都市、文字和青铜三个要素"，这就是以都市为中心的政治生活，以青铜冶铸业为代表的社会生产和以甲骨文为代表的商代文化。关于殷墟的范围和布局，随着考古工作的逐步开展而不断扩大、日益清晰。1961年，国务院公布殷墟为第一批国家重点文物保护单位。2006年7月13日，在第30届世界遗产委员会会议上，殷墟被列入《世界遗产名录》，成为中国的第33项世界遗产。

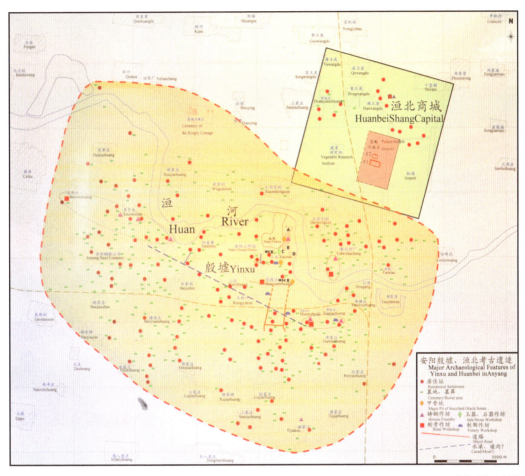

殷墟遗址分布图

　　殷墟位于河南省安阳市殷都区，长宽各约6千米，总面积约36平方千米。殷墟总体布局严整，以小屯村殷墟宫殿宗庙遗址为中心，沿洹河两岸呈环形分布。现存遗迹主要包括殷墟宫殿宗庙遗址、殷墟王陵遗址、洹北商城、后冈遗址以及诸多聚落遗址（族邑）、家族墓地群、甲骨窖穴、

铸铜遗址以及其他的手工作坊等。这反映出商代都城的建设已经有了一定的规划，以片区功能性为主。

殷墟的中心是宫殿宗庙遗址，位于殷都区小屯村一带。这里地势高，北面和东面紧邻洹河。南北长1000米，东西宽650米，总面积71.5公顷，是商王处理政务和居住的场所，也是殷墟最重要的遗址和组成部分，包括宫殿、宗庙等建筑基址80余座。

在宫殿宗庙遗址的西、南两面，有一条人工挖掘而成的防御壕沟，将宫殿宗庙环抱其中，起到类似宫城的作用。20世纪30年代，"史语所"曾多次在这里进发掘，共揭露出建筑基址53座、窖穴296个，另有础石、水沟和部分墓葬。当年多次参加这一遗址发掘的石璋如先生将53座建筑基础划分为甲、乙、丙三组，其范围南北长约350米，东西长约100米，占地面积共约35000平方米。该处基址由北向南排列，错落有序，有些两两对称，貌似商朝对这里进行过一定规划。甲组基址在北部，正当洹水转弯处，共15座。

殷墟宫殿宗庙遗址紧邻洹河

与乙组基址相比，甲组各基址面积相对较小，基面上多无柱础石，也没有
用人、兽奠基和祭祀的现象，当是住人的"寝殿"或享宴之所。乙组基址
在甲组之南共21座，其规模宏大，情况也较复杂，多有"基下墓"或"基
上墓"，用人或兽做奠基和祭祀，也有密集的小坑，用人、车、马做祭祀，
因此，推断乙组基址为朝堂和宗庙。丙组基址在乙组的西南，共17座，
除一座较大外，其余16座面积都较小，并发现有火烧过的黑土和羊骨灰，

由此推断丙组基址是祭坛。

20 世纪 80 年代，中国社会科学院考古所安阳工作队在乙组二十号基址东南约 80 米处发掘出三排房基连成一体的殷代大型宫殿基址群。三座房基构成半封闭状的建筑群，整体呈凹字形，缺口向东，紧邻洹水。这处建筑群的发现将 20 世纪 30 年代所发掘的宫殿宗庙区的范围向南扩展了约 130 米。

在宫殿宗庙中心区以西约 200 米处，有一条巨大的灰沟，北端伸向河南岸，由北向南略偏西方向延伸，由花园庄村西直达村南大道，至此大灰沟向东延伸，东端与洹河西岸相接。大沟南北全长 1100 米，东西全长 650 米，恰好环绕在宫殿宗庙区的西、南两面，与东、北两面河河道形成一个外环整体。大灰沟是人工挖成的防御性设施，也可用来排泄洪水。

殷墟宫殿宗庙区还分布着为数众多的甲骨窖穴。甲骨深埋地下，分散在灰坑或基址中，因此多是零星出土，但也有集中成批出土的情况，其中重要的有如下几次。1936 年 10 月，"史语所"

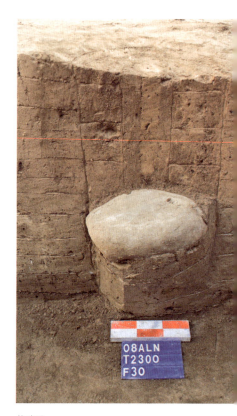

柱础石

第十三次科学发掘在小屯北发现 YH127 坑，出土甲骨 17096 片，是殷墟历次发掘中最大的收获。1973 年，中国社会科学院考古所安阳工作队在小屯南地发掘出甲骨 5335 片，是继 YH127 坑以来，殷墟甲骨文第二次重大发现。1991 年秋，中国社会科学院考古所安阳队在花园庄东地 H3 坑中，发掘出甲骨 1583 片，是近年殷墟考古的重大收获，也是殷墟甲骨文的第三次重大发现。这批甲骨文属殷墟文化第一期（即早期），内容比较集中，其最显著的特点是，占卜的内容不是王而是"子"，这对于"非王卜辞"的研究和甲骨文分期断代的研究都有着重要意义。

经过长期的调查、勘探和发掘，20 世纪末，在洹水北岸京广铁路两侧发现了一座早于殷墟的商代城址——洹北商城，这是继安阳殷墟、郑州商城、偃师商城之后发现的又一处商代都邑。城址略呈方形，西南与殷墟相连并有重叠。其东北角在周家营村，西北角在屈王度村，西南角在小司空村，东南角在安阳航校飞机场内，覆盖了韩王度、董王度、屈王度、花园庄、十里铺等自然村。四周已确认有夯土夯筑的城墙基槽，南北长 2200 米，东西长 2150 米，总面积约为 4.7 平方千米。

洹北商城宫殿区位于城址南北中轴线南段，是城址的核心部分，其范围南北不少于 500 米，东西远在 200 米以上。宫殿区内现已发现大型建筑基址 30 余处，在其东南部已发掘两座南北排列的"回"字形基址，规模宏大，甚为罕见。其中，1 号基址东西全长约 173 米，南北宽约 90 米，总面积近 1.6 万平方米，是迄今发现的面积最大的商代单体建筑基址。整个基址

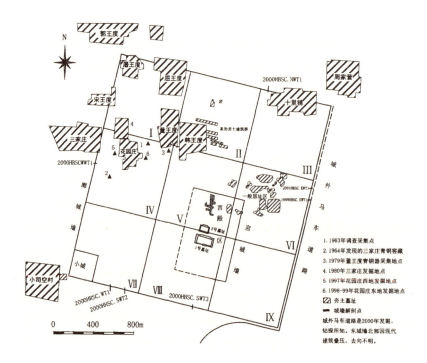

殷墟洹北商城示意图

的建筑物部分由门塾、门塾两旁的长廊、主殿、主殿两旁的廊庑、东西配殿组成。主殿位于基址北部正中，殿面上一字排开9间正室，各正室面积基本一致，约在40平方米。每间正室都向南开门，与门对应的是通向庭院的台阶。洹北商城的发现，是我国夏商周三代考古工作的重要收获，填补了以郑州二里岗为代表的早商文化和以安阳殷墟为代表的晚商文化之间的时间缺环，有着重要意义。

1928年"史语所"的考古工作者接连不断对殷墟宫殿宗庙遗址进行了发掘，在1934年开始的第10次、第11次发掘将殷墟考古发掘推向新的高潮，商朝王陵墓葬被发现了。

王陵一直以来是古文明王朝统治的重要标志。不过遗憾的是它们已经

殷墟西北岗王陵区

被多次盗掘。考古工作者发现了一些残存的商代遗物。洹河北岸的侯家庄、武官村以北的西北岗是商王陵所在地，这里是洹水北岸的最高点，地势开阔平坦，易于排水。从20世纪30年代开始，即在这里进行大规模考古发掘，共发掘13座王陵大墓、2000余座陪葬坑和祭祀坑。王陵分为东、西两区。其中，西区有8座大墓，东区有5座大墓。商代王陵规模宏大，有呈"亚"字形的四条墓道大墓，有呈"中"字形的二条墓道大墓，还有"甲"字形的一条墓道大墓。墓内的殉葬物十分丰富精美，有青铜器、玉石器、白陶、绿松石饰、雕骨等，可惜大都遭过盗掘。1004号大墓虽经盗掘，但仍出土了100多个铜头盔、370把铜戈、36个铜矛头；特别是发掘出土的牛方鼎和鹿方鼎，更引起世人的关注。此外，墓内还有众多的人殉在腰坑、四

角、台基和墓道上，墓内外的人殉人祭多者有300余人。殷墟王陵是目前所知我国历史上最早的王陵，对研究殷代社会关系和中国古代陵寝有着重要意义，也对寻找研究早商、中商的王陵有着重要的参考借鉴价值。

殷墟贵族平民墓葬，除孝民屯南的殷墟西区、梅园庄东南、戚家庄东南等单纯的墓葬区外，还散布在各居住点的外围，如花园庄、司空村、后岗等地不少贵族墓葬形制也很大，随葬品也极为丰富精美，如2000年底至2001年初在花园庄东发掘的54号墓，是殷墟继著名的妇好墓、郭家庄160号墓之后第三座未被盗窃过的高等级墓葬，随葬品有570余件之多，墓葬中的青铜器极为精美。

殷墟不仅是商王朝的政治中心和军事中心，也是经济和文化中心。当时，农业是商代社会发展的基础，以青铜铸造业为代表的手工业也十分发达。从殷墟出土的青铜器、玉器、陶器、象牙器精美绝伦，可谓是稀世珍品。

商朝是一个遥远的年代，大邑商也成为一座远古的都城。这个朝代有着丰富灿烂的文明，成为世界上屈指可数的古老文明之一。其辉煌成就不仅为世界文明书写了光辉灿烂的一页，更对中华文明的发展有着深远的影响。考古是充满未知的学问，我们也期待考古可以让我们对大邑商有更清晰全面的认识。

（杨艳梅）

殷墟宫殿宗庙遗址

远古的都城

如果我们穿越回三千年前，会看到由许多连在一起的四合院组成的气魄宏大的建筑群。这种以木结构为主流的四合院建筑形式三千多年未曾改变，从埋于黄土的商朝宫殿到秦代的阿房宫、汉代的未央宫、唐代的大明宫，再到明清的紫禁城，一直延续了几千年。

　　司马迁曾在《史记》中记载项羽与章邯会盟于"洹水南，殷墟上"。洹水，发源于太行山，是安阳的母亲河，也是安阳境内一条古老而重要的河流。殷墟出土的甲骨文中，就有"戊子贞，其烄于洹泉"的字名，这说明洹河见之于文字记载，至少已有3000多年的历史了。19世纪末，小屯村民在洹河岸边日出而作、日落而息。他们不曾想到这片土地在三千年前曾是商朝国都的政治、经济、文化中心。1899年，甲骨文的发现揭开了人们认识殷墟的帷幕。1928年开始的科学考古发掘打开了这座都城的大门。

　　殷墟宫殿宗庙基址位于洹河南岸、小屯村北，基址的北面和

殷墟宫殿宗庙遗址鸟瞰图

东面濒临洹河，其范围南北长 600 米，东西宽 450 米。1928 年开始的科学发掘，最初是为了寻找甲骨文，后来在这里发现了夯土，于是考古工作者就把注意力集中到寻找夯土方面了。到 1937 年抗日战争全面爆发，考古工作被迫停止，这一时期共发现宫殿宗庙基址 53 座。1989 年，在这片基址的南侧又发掘了三座与宫殿基址有关的房基。

商朝的建筑经过千年的风吹雨淋和多次战争，地面上的房屋已经荡然无存。只有房子的地基保存下来。在殷墟考古发现的商代建筑基址的形状各异，有长方形、凸凹形等。

基址的建筑方法一般情况下是将地面平整后，挖出一定的范围和深度，然后用比较纯净的黄土填平并夯实，再夯筑一个台子。接下来是置础、起墙、架梁、建屋。文献记载：夏商时代的房屋是"四阿重屋，毛茨土阶"。"四阿"指屋顶的四角，"重屋"就是重檐，"毛茨"是指用草之类的东西覆盖屋顶，"土阶"是指夯土的台阶。殷墟处于中原，商代的建筑材料就地取材，选用土、木、草之类，因此可以推断殷墟宫殿宗庙建筑就是"毛茨土阶"了。

殷墟出土的一种青铜器，叫"方彝"，是专供祭祀用的礼器，民间俗称为"小庙"，学者们认为这是"宗庙"的象征，其形状就像一座四角低垂、两面斜坡的房屋，由此推测宫殿宗庙建筑的样式就是古书中所说的"四阿重屋"。

殷墟宫殿宗庙基址是从北向南排列，从分布上看，大致可分为三组，

殷墟宫殿区乙二十基址仿殷大殿

殷墟宫殿遗址乙二十基址东部发掘情况

即甲组、乙组、丙组，甲组基址 15 座，乙组基址 21 座，丙组基址 17 座，如果把 1989 年发现的三座基址并入乙组，乙组就是 24 座。古代的国都内一般都设有宗庙，宫殿是国王起居和处理政务的地方，宗庙是国王举行大型礼仪活动的地方。这些建筑，有些是宫殿，有些是宗庙。甲组基址多数没有柱础石，也没有用人兽祭祀的现象，宗教意味不强，这是为了居住的需要，应该是商王与嫔妃们起居的寝殿。乙组基址中的乙七、乙八基址既

有用人兽奠基的现象，也有成片的人祭坑，整个祭祀场的情况是北为车兵，南部是骑士和步卒，这是仿照作战时的布阵方式布置的。故乙七、乙八基址有可能是宗庙区。位于中轴线上的乙组基址，规模宏大，排列有序，应该是商王和大臣们处理政务的朝堂。

丙组基址范围较小，基址面积小，也多没有柱础石，在这组基址内发现有被砍头的躯体和埋兽的坑，还有烧柴的奈祭现象，推断这些都与祭祀有关。丙组基址的形状很像祭坛，所以，学者们推测这组基址是与乙组宗庙密切相关的祭坛。在殷墟宫殿宗庙区西侧和南侧，有一条大壕沟，其北端与东端与洹水相接，恰好环绕宫殿区。这条壕沟宽 10 米，深 5 米，南北长 1100 米，东西长 650 米。推断一是作为宫殿的防御设施，类似后来的护城河；二是可以起到防洪作用，当洹水上游水量增大时候，可以分洪，缓解洪水对宫殿的威胁。

在殷墟宫殿区内也发现了很多甲骨片。有趣的是，学者在考释甲骨文的过程中也发现当时的建筑身影。例如甲骨文的"宀"字，像两边墙上有人字形的屋顶，是房屋的侧面形状；再如甲骨文的"仓"字，就像商朝人建造多座房屋，并且相连在一起。如果我们穿越回三千年前，会看到由许多连在一起的四合院组成的气魄宏大的建筑群。这种以木结构为主流的四合院建筑形式三千多年未曾改变，从埋于黄土的商朝宫殿到秦代的阿房宫、汉代的未央宫、唐代的大明宫，再到明清的紫禁城一直延续了几千年。

（韩晓红）

『马危』折肩尊

千年药草覆金尊

草药覆金尊，文化越千年。中医药学从早期的巫医同源到今天形成完备的科学理论体系，其间历经了数千年岁月的发展和积淀。

2020年初，一场突如其来的新冠肺炎疫情打破了人们宁静的日常生活。为抗击新冠肺炎疫情，全国上下万众一心、同舟共济，很快我国的疫情便得到了有效的控制。在这场没有硝烟的战争中，传统中医药学亦发挥了重要作用，特别是对早期疫情预防和治疗均起到显著作用。从国家卫健委发布的《新型冠状病毒肺炎诊疗方案（试行第三版）》开始，中医治疗方案便纳入其中。同时，有数据显示，在新冠肺炎患者治疗中，中医药在湖北地区确诊病例参与率达75%以上，在其他地区超过90%，这足以说明中医药学在治疗重大疾病方面确有疗效。

中医药学是中华传统优秀文化中最具代表性的文化之一，也是五千年

口部覆盖有短梗南蛇藤的"马危"折肩尊

商（前1600—前1046）
口径32.5厘米，底径20.9厘米，高36.1厘米，重10.5千克
2004年殷墟大司空遗址M303出土

中华文明深厚积淀的成果。翻阅我们的历史，从传说中的"伏羲氏制九针""神农氏尝百草"到李时珍二十七载著《本草纲目》，中医药学随着时代发展不断变革、不断创新，为中华文明绵延不衰、繁衍兴盛做出了巨大贡献。从古至今，人们对健康的重视和追求从未改变，三千多年前的商朝人亦是如此。

2004年，在殷墟大司空遗址M303墓中出土了一件特殊的青铜器——折肩尊。所谓青铜器，是因其长期埋藏于地下，器物表面被氧化锈蚀产生的青绿色铜锈，故现代人称其为"青铜"。实际上，这种铜锡铅的合金铸造完成后多是明晃晃的"土豪金"，古人因此多称其为"金"或者"吉金"。这件青铜尊方唇，侈口，长颈，广折肩。肩部还饰有三组精美的牛首，腹部对应牛首各饰一组兽面纹。出土时腹内还有一件铜觯。最令人称奇的这件器物出土时有大量保存较为完整的植物叶子覆盖在器物口部，这些枝叶颜色为浅褐色，它们历经三千年的沧桑岁月早已失去原有的鲜艳颜色，但叶片构造特征依然清晰可见，这在殷墟考古发掘中是极为罕见的。

中国社会科学院考古所安阳工作站的专家们在对这些叶片进行科学取样分析后得出结论，这些覆盖在折肩尊口部的植物为短梗南蛇藤植物枝叶。短梗南蛇藤其实并非什么罕见的植物，它广泛分布于我国河南、安徽、甘肃、浙江、江西、湖南、湖北、贵州、广东、广西及云南等地。《中华草本》中记载，短梗南蛇藤主要可用于祛风除湿，活血止痛，解毒消肿。而现代科学研究表明，南蛇藤属植物确实具有抗肿瘤和抗细胞毒活性的特性。

这一惊人的发现令我们不禁思考：在三千多年前的商朝，人们是否就已认识到了短梗南蛇藤的药物属性？墓葬中埋葬的这些短梗南蛇藤又是否具有其他特殊含义呢？

解开这些谜团的线索就要从 M303 的墓主人"马危"说起。在 2004年发掘的大司空 C 区，发现了包括 M303 在内丰富的商代遗迹遗物，其中还发掘了四合院建筑基址群的商代房基共 53 座。在 M303 这座墓葬中出土了 42 件青铜礼乐器，其中 32 件都带有铭文"马危"二字。专家研究认为，"马危"二字释读有三种可能：一是马方之危，二是马方与危方的简化合体，三是以马为图腾的危方部落。但无论是哪种解释，仅从墓葬规格、出土随葬品等就可以判断，这座墓主人是商朝晚期（殷墟四期晚段）某族的首领或高级贵族无疑，所以我们暂且称墓主人为"马危"，而 C 区建筑群很可能与"马危"族的族宗庙有关，想必在商代这是一个庞大的家族。可惜的是，因为年代久远，这位商朝贵族骨骼已呈粉状，暂时无法提取更多信息。

这样一个贵族，为什么在百年之后的墓葬中要陪葬这些短梗南蛇藤植物呢？想必并不是因为它好看。在三千年前的商朝，安阳地区气候温暖湿润，植物种类繁多且生长茂盛，短梗南蛇藤作为装饰性花卉实在其貌不扬，且发掘时这些南蛇藤属植物是覆盖于折肩尊口部，而非插入器物内，由此推测，这些植物并非装饰之用。那么，这些植物出现在高等级贵族墓葬中最有可能的便是因为它所具有的药用价值。

早在八千年前的萧山跨湖桥新石器时代早期遗址中，古人就已经开始使用陶釜煎煮中草药，而在稍晚的商末周初戈国墓地也发现了煎煮沙参根皮的证据。这样看来，殷墟 M303 中的短梗南蛇藤作为草药葬于墓中也不足为奇了。

　　考古研究有时如刑侦破案，考古学家们通过考古发掘中的蛛丝马迹，抽丝剥茧去推测、去还原那些已经离我们很遥远的历史。M303 中发现的短梗南蛇藤正是考古研究中发现的一项重要研究材料。它不仅证明了晚商时期人们已经认识中草药、使用中草药，也从侧面说明了这座墓的主人生前可能患有需要短梗南蛇藤治疗的疾病，如风湿疼痛等。死后，墓主除了随葬大量礼乐器等奢侈品外，还将他所需要的药物一并入葬，以便在"黄泉世界"能缓解病痛，继续享受贵族的奢靡生活。当然，这只是一种推测。也有专家认为这些覆盖在折肩尊上的短梗南蛇藤可能是覆盖随葬器物所用，起到巾布的作用。《说文解字》中就曾多次提到古代随葬器物常覆盖茅、巾等物，或许短梗南蛇藤就是专门用于覆盖这件折肩尊的盖物也未尝可知。但综合目前的考古发掘材料来看，我们更倾向于短梗南蛇藤作为中药使用。

　　草药覆金尊，文化越千年。中医药学从早期的巫医同源到今天形成完备的科学理论体系，其间历经了数千年岁月的发展和积淀。小小的短梗南蛇藤覆于折肩尊上，一起跨越古今，从三千年前的商朝来到现代，用尚且鲜活的姿态向人们展示了晚商时期古人的医疗水平，对研究我国古代医药卫生、民俗文化和丧葬礼制具有重要意义，也为今天我们继续传承和弘扬中医药文化提供了丰富的理论依据和历史佐证。

（王　林）

商代车马遗迹

车辚马萧

繁荣的国都与辽阔的疆域之间，如果没有交通的便捷，没有马车这样快捷的交通工具，商王怎么能够实施卓有成效的统治呢？由此可见，商代的道路已经是四通八达了。无怪乎孔老夫子要一行夏之时，乘殷之路，服周之冕了。

"车辚辚，马萧萧，行人弓箭各在腰"，杜甫在《兵车行》中描写出征的青年把弓箭挂在腰间奔向兵车隆隆、战马嘶鸣的战场。

"还似旧时游上苑，车如流水马如龙。花月正春风！"李煜也在《望江南》里回忆起曾经乘坐马车沐浴春风的悠闲。

古诗词中有很多对于马车的描写。可见，马车是古人外可御敌内可代步的重要交通工具。据古文献中记载，早在夏代就发明了车，但是，至今并未发现夏代车的遗存。殷墟遗址内考古发掘的殷代车马坑是华夏考古发现的畜力车最早的实物标本。截至目前，共出土了 70 多辆马车，殷墟车马坑展厅内展出了其中的 6 辆马车和道路遗迹，透过这些马车，我们看到

殷墟车马坑 6 辆马车遗存和商代道路遗迹

殷墟车马坑遗址

殷墟车马坑战车遗存

了商代先进的制造业和发达的交通运输水平。

　　商王朝国都的面积已达 30 平方千米，包括宫殿区、王陵区、居民区和手工业作坊区等，区域之间道路纵横，水沟交织。殷墟车马坑展厅内就陈列了一段在 2000 年 11 月安阳航校发现的商代道路遗存，整条道路宽 8.35 米，上面有 4 条车辙痕迹，两边各有 1.8 米宽的人行道，有快车道、慢车道，可以说是古时候的高速公路。我们不难想象，繁荣的国都与辽阔的疆域之间，如果没有交通的便捷，没有马车这样快捷的交通工具，商王怎么能够实施卓有成效的统治呢？由此可见，商代的道路已经是四通八达了。无怪乎孔老夫子要"行夏之时，乘殷之路，服周之冕"了。

　　在车马坑展厅内陈列的 6 辆马车呈南北一线排列，车头向南，每坑葬 1 车，其中 5 坑随车皆葬两马，4 坑各葬 1 人，保存得非常完整，具有较高学术研究和展示价值。经鉴定，殉人中多为成年男性，另有一少年男性。这些殷代马车造型美观，结构牢固，车体轻巧，运转迅速，重心平衡，乘坐舒坦。

看似简单的马车，其构造极为复杂，主要由一衡、一辕、一舆、一轴、两轮组成。辕的前边有衡，长度 2 ~ 2.5 米，两侧有轭，用以架马。车的长度超过 3 米，辕长也在 2.56 ~ 2.92 米。车轮的直径通常在 1.2 ~ 1.5 米间，大多有 18 根粗细均匀、排列有序的辐条。车轴通长 3 米上下，两轮间的轨距在 2.1 ~ 2.4 米之间。车轴与车辕交接处的上方是舆（车厢）所在，舆的平面为长方形，长 1.3 ~ 1.5 米、宽 1 米左右，四周安有栏杆，可用于手扶。后边中间留有门，供乘车人上下之用。

商代马车的结构虽然复杂，但很合理。例如车厢放在车轴与车辕交接处的上方，与两侧车轮的距离一致，车辕位于车厢下的中间位置，这有助于马车在行驶过程中保持平衡，对驾驭马匹、掌握方向极为有利。两个车轮的制作，也已脱离了用圆形木板制作的原始阶段，改用粗细均匀、

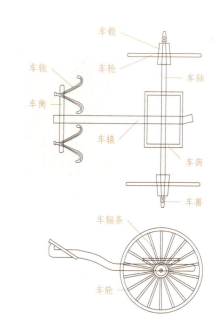

殷墟马车构造

排列规整的 18 个辐条（个例中有多至 26 根者），这是一项重大改进。用辐条代替整块圆形木材做车轮，使马车在行驶过程中较为轻便，速度加快。

在车马坑展厅内，6 辆马车中最为特别的是一辆战车。古代在战争中用于攻守的车辆，称为战车。夏朝已有车用于小规模的战争。从商经西周至春秋，车战是主要的作战方式。商族的先公"相土作乘马，王亥作服牛"，即训练牛马等家畜以驾辕驱车。到商汤之时，已将马车作为战车，商汤正是凭借着这一先进于夏王朝的"坚船利炮""革车三百乘"，在鸣条之战中一举打败了夏桀，建立了商王朝。

除了车马遗存，马车上漂亮华贵的青铜装饰品也同样备受人们瞩目。但由于年代久远，出土时陪葬车马主体部分的木、皮革和马匹往往早已腐朽，而那一件件青铜构件却因其耐腐蚀性，被完整地保存了下来，使今天的人们得以一睹古车的风采及古代工匠们精湛的青铜铸造技术。

马车的发展从结构到用途，无不展现古人的智慧。透过马车，我们看到了商代先进的制造业和发达的交通运输水平。马车的出现是人类交通运输史上一个具有划时代意义的进步和重要发明，在一定程度上推进了中华文明历史的进程。

（李　甜）

三通排水管

城市的血脉

三千多年前的商代，我们的先人在商王朝宫殿之下就已经建立了较完善的立体式排水系统。通过散水、地下管道、地下排水沟、护城壕沟等形式多样的设施，构建起连接各个建筑物、贯通邑聚内外的输排水系统。

14世纪黑死病席卷整个欧洲，黑死病这一恐怖的名字就是现代医学称为"鼠疫"的传染病。1348年，黑死病传入英国，在伦敦城内迎来大爆发，由于公共设施无法跟上人口扩张的脚步，间接助力了黑死病的传播。城内没有公共的下水道及垃圾站，城市居民只能将生活垃圾和排泄物直接倾倒在街面上，河流水源早被污染，为病毒的滋生提供了温床。这场黑死病使英国人口锐减三分之一，也夺走了整个欧洲两千五百多万人的生命。但是从18世纪开始，欧洲各国便积极加强基础卫生设施的建设，修建下水道，并对排污系统加以完善。伦敦于1859年，正式开展了城市下水道改造工程，建成一套完善的现代城市下水道系统。这一发达的地下排水系统，至今运

商代陶制三通排水管

转良好，被公认为"完美的城市地下排水系统工程"。

镜头拉回到东方，三千多年前的商代，我们的先人在商王朝宫殿之下就已经建立了较完善的立体式排水系统。通过散水、地下管道、地下排水沟、护城壕沟等形式多样的设施，构建起连接各个建筑物、贯通邑聚内外的输排水系统。

《周礼·考工记》中记载商代宫殿建筑为"茅茨土阶""四阿重屋"。"四阿"形式即指"庑殿顶"，五条脊把屋顶分割为前后左右四大斜坡，雨水可以从四面排泄，解决了防雨、防晒问题，同时保持了体形高耸壮观。商代邑聚大型建筑基址为高台化，高台建筑在当时木构技术水平较低的情况下，依靠高台也可以取得层叠巍峨的效果，《墨子》论述原始地面建筑说："室高足以辟润湿。"由于高出地面，所以可以防水，即使到了雨季，也不至于被一般的雨水淹没。除了高台防水，商代建筑已经设有散水，用于排泄墙基处的雨水。这些都是为防止雨水对建筑物的浸泡冲刷而设，虽严格来讲并非水利的内容，但也是重要的排水设施。

除此之外，殷墟下层基址发现多条纵横交错相互贯通的水道、水沟以及排水管。它们与建筑下的散水配合，串连起各个大小房屋，形成了贯通邑聚内外的输排水系统。

1972年秋，白家坟村西地发现了陶质排水管道，遗迹距地表深度约1.1米，南北向陶水管道残存长7.9米，共有17节陶水管；东西向陶水管道残存长4.62米，有11节陶水管。这些陶水管均为平口，呈直筒形，两端较粗。通长42厘米，直径21.3厘米，壁厚1.3厘米。管口平齐，周身饰绳纹和两道凹弦纹，陶水管整齐排列，陶水管道中淤有细泥土。在管道的上部及附近，发现有夯土和残存柱洞痕迹，估计陶水管道是被埋于房基中，应是依附于房子基址的排水设施。

陶质排水管道南北、东西呈T字形排列。白家坟陶水管的特别之处在于两段管道由一段三通管相连接，三通管的两端与其他齐口水管相同，中部则向外伸出一个圆形管孔，与另一齐口水管对接，与现在三通管极为相似，现在世界通用排水管道依然采用这种形式。三通水管的出现，解决了管道转折处的衔接问题，经过三通，改变排水流动方向，进入干管，再排入河流，足以见当时输排水技术的进步。

　　殷墟曾在苗圃北地同样发现地下水道，水道内放置有陶质的水管，有两节保存较好，而且有套合的痕迹。水管为泥质灰陶，圆筒形，两端平直，一端较粗，另一端稍细，中部微鼓，系用泥条盘筑。陶水管均为插口式，一节水管的小口端可套入另一节水管的大口端内，实际上就是一个承口和一个插口组合，各节水管可严密套合，不易漏水。为配合管道和水沟的排水，商代先民也在殷墟周边挖设了排水壕沟，这条大沟与洹河相通，正好环绕宫殿区，因而为保卫宫殿区起到了防御作用，同时也起到了排水作用。

　　以水为邻，依水而建，近水的环境在以农业为主的古代经济下，方便了人们的生产生活。殷墟作为当时全国第一大城市，拥有十几万人口，输排水是相当大的工程，商代城邑较完善的输排水系统成为城邑规划的组成部分，是我国城市水利发展初期的重要内容，而这也是支持邑聚规模不断扩张的必备条件。

（罗　斌）

殷墟白陶
大白天下

白陶恰以其洁白美观、质地坚硬的特点成为殷商先民钟情的圣洁之器，出现在商代的祭祀等重要场合，成为比肩青铜的独特礼仪用器。

历史上的殷商王朝是青铜文明在东方大陆之上发展的第一个高峰，这一时期的青铜器借着雄奇瑰丽的造型在博物馆中成为最受瞩目的焦点，成了那个时代最为重要的文明标识。在这重文明光环的映照之下，似乎同时代的物质创造都会暗淡下来，但有一类文物却闪耀着非同凡响的辉光，那就是殷商时期的白陶。

白陶并非殷商时期的独创，它的产生最早可以回溯到新石器时代早期。在被创造的初期，白陶就被赋予了非同一般的功能，是宗教仪式中礼奉神明的宝器。其后，经历了龙山文化到二里头文化的历史沿革，白陶作为祭祀场合中的重要礼器，其功能与地位愈发明确起来。

小屯 M388 出土云雷纹白陶豆

小屯 M331 云雷纹白陶带盖罐

白陶碎片

从殷墟的考古发现来看，殷商时期白陶作为广受殷商贵族青睐的礼器，迎来了自身发展的黄金时期。这种文化现象似乎与商朝人独特的审美情趣有着密不可分的联系。《史记·殷本纪》中这样记载："汤乃改正朔，易服色，上白。"类似的记载还出现在《礼记》和《尚书》当中，《礼记·檀弓上》："殷人尚白，大事敛用日中，戎事乘翰，牲用白。"《尚书大传·甘誓》："殷以十二月为正，色尚白。"从这些文献的记载看，商朝人崇尚白色，在祭祀等重要场合，要穿白色的衣服，用白色的牺牲。故白陶恰以其洁白美观、质地坚硬的特点成为殷商先民钟情的圣洁之器，出现在商代的祭祀等重要场合，成为比肩青铜的独特礼仪用器。

有别于商代常见的灰陶，风格独特的殷墟白陶有着别具一格的装饰特点，有些纹饰还与青铜器上的纹饰极其相似，白陶上常常能看到饕餮纹、夔纹、龙纹、蝉纹、云纹、雷纹、雷纹三角纹、斜角云雷纹、勾连云雷纹、斜方格雷纹、乳丁纹、圆涡纹、弦纹、绳纹、附加堆纹等殷商时代最典型的纹饰。而另有些纹饰为白陶所特有，如兽面人体纹、雷纹折叠纹等纹饰。

受质地与埋藏形式的影响，存世的殷墟白陶中罕见器形完整的，最著名的当属现存于史密森尼学会（Smithsonian Institution）位于美国首都华盛顿弗利尔美术馆（Freer Gallery of Art）的白陶罍。作为白陶中的极品，这件流散在海外的稀世珍宝，据悉是 1939 年由弗利尔美术馆的创始人查尔斯·朗·弗利尔（Charles Lang Freer）从"国民党四大元老"之一的张

白陶罍

商（前1600—前1046）
高33.3厘米，最大直径30.3厘米
现藏于美国弗利尔美术馆

静江在美国开办的通运公司处购得后捐赠而来。

　　这件白陶罍，通体装饰有两组纹饰，肩部装饰有云雷纹衬地的夔龙纹，肩与腹的衔接处装饰有弦纹以分割肩部与器腹上的装饰纹饰，器腹上装饰有多层波折雷纹，每一层波折雷纹之间通过素带纹衔接过渡并加以分别。白陶罍的器肩上对称装饰有两组兽状鼻纽，同样的鼻纽还出现在上述两组兽状鼻纽对称轴位于器腹的下端部位，这个鼻纽恰又落在两圈素带纹与其中间的波折雷纹的波峰之上，这个位置上的波峰顶点相互连接而成的直线正好是整个器物的对称轴。这样的装饰设计在极度对称的平衡之间，通过波折雷纹和素带纹平行起伏的布局关系，构建出一种曲折、稳定且极富韵律的视觉节奏，令今世之人无比惊叹。赞叹殷墟白陶之余，经由科学考古发掘而来的殷墟白陶从未见到过完整的器物，这种现状不禁令人惋惜。

　　发现遗物只是考古研究过程中的前阶段，如何能够利用已经发现的遗迹和遗物，阐释这些考古发现彼此关联的现象背后所能体现的古代社会面貌，并在其之间寻找和探索古人在当时的技术条件下，是如何创造出这些包含智慧的技与艺的产物，才是考古真正的魅力所在。

　　2013年开始，一个由中国社会科学院考古研究所主导，中国、加拿大、美国等三国专家学者组成的联合研究团队，在安阳殷墟开展了为期四年的实验考古研究，旨在复原殷墟白陶制作的全过程。

　　探索白陶的奥秘，首先要解决的就是制作白陶时所用陶土的种类和产地的问题。岩相学研究的结果显示，殷墟白陶是以原生高岭土烧结而成。

采集太行山原生高岭土

淘洗高岭土

练泥

模印兽头

高岭土是一种广泛存在的黏土矿物，它富含硅、锌、镁、铝等矿物质，这个名字源自江西省景德镇附近的高岭山。瓷都景德镇，素以采用高岭土烧制成洁白无瑕的瓷器闻名于天下，这种莫大的名气，让世人普遍将高岭土与景德镇画上等号。然而，自然界中的高岭土矿广泛地分布在南北各方，出产高岭土的地方往往就会在历史上形成著名的陶瓷中心，殷墟遗址所在的豫北冀南地区也不例外，譬如源于北朝兴于隋代的相州窑、漳滏流域的磁州窑都是典型的代表。深入的化学分析令人确信，殷墟时期的白陶在其烧制之时所选取的陶土正是取自本地。参与联合研究的学者们选取了产自于安阳县善应镇黑玉村西北太行山上的原生高岭土作原料，经过洗土、陈腐、练泥等步骤后得到了制作白陶所需的陶泥。

如何制作白陶的生坯，为练制成的陶泥赋型是整个白陶复原实验研究的第二步。结合前人的研究成果可以知晓，殷墟白陶制作大致有泥条盘筑、慢轮修整和模制三种常见的制法。实验中复原的白陶罍就采用了泥条盘筑和模制两种方法。

模制

罍上下段的粘接

粘接兽头

制成的陶坯在烧制之前还需缓慢地阴干脱水，从而使整个胎体干燥，干透的陶坯其后经过打磨、压光、刻画纹饰后才能入窑烧制。

实验的第三步就是按照考古发现中已知商人能够掌握的材料来创造一个烧制白陶的环境，其中就包含陶窑的结构和陶坯的放置方法两个关键因素。三年间，经历三次建窑、六次试烧的尝试与摸索，最终参与研究的学者们在2016年利用匣钵烧制的方法成功制作出与3000多年前殷墟白陶在感官质地上别无二致的成品，至此殷墟白陶的技术奥秘可谓大白天下。

今天，陈列在殷墟博物馆大邑商展厅中的白陶罍，正是此次实验考古

成功烧制的白陶器

的结晶。驻足在她的面前，仿若看到了远在大洋彼岸的那件母本，她的存在不仅再现了殷墟白陶的魅力，弥补了中华文物骨肉分离的缺憾，更为我们展现出考古工作者求索古今的不懈与坚守精神。

（刘　潇）

铅锭窖藏

遁土铅华

朝歌战败的消息传到殷都，殷都城内，周人来势汹汹，殷人在逃离时无法带走如此大量的原料，为不被周人所获，就地掩埋封填乃是必然选择。

2015 年 8 月，中国社会科学院考古研究所在刘家庄北地发现了一座贮藏有大批铅锭的商代铅锭贮藏坑，编号 H25。刘家庄位于殷墟保护区范围内，而刘家庄北地是经国家文物局批准的花园庄村搬迁地。2008 年—2010 年，由中国社会科学院考古研究所在此地实施发掘后，交于建设单位施工。2015 年 8 月，施工单位在基建过程中超越已发掘范围，在西部未实施考古发掘的地带挖坑，使 H25 北部坑体的上半部遭到破坏，其他部分则保存完整。据残留范围测量，坑口平面近圆形，直径约 1.8 米，坑底略小于坑口，平面也略呈圆形，底面平整，直径 1.65～1.74 米，坑深 1 米。坑壁面光滑平整，明显经过修整。

H25 铅锭窖藏堆积情况

坑内堆积可分为封填层和铅锭堆放层两部分。封填层自坑口直至铅锭层顶端，厚约0.5米，内含黄土颗粒及少许木炭并偶见陶片的灰色土。未见夯打痕迹，但土质密实。应系当时人将铅锭摆放好以后，有意识封填坑口所致。铅锭堆放层自坑底往上，厚约0.5米。早在H25发现之初，因北部坑体的上半部遭到施工单位破坏，部分铅锭已从原位移动，有的甚至被机械折断、弯曲。

H25共出土铅锭293块，全部铅锭总重量达到3404千克。保存完整的铅锭形状略呈龟背形，前端宽，后端略窄，背部隆起，底部近平。铅锭长度在10～70厘米之间。我们对未经扰动的200块铅锭逐一进行了测量，发现尺寸最大者长近70厘米。87.5%的铅锭长20～60厘米，其中50%的铅锭长30～50厘米。多达83%的铅锭中部厚约1～3厘米，又以2厘米左右者居多。至于重量，80%的铅锭超过5千克。另外，10～20千克者占总数的40%，30千克以上者仅3块，占1.5%，最重者超过40千克。

铅是铸造青铜器或铅器的重要原料。《周

铅锭窖藏堆积情况

礼·考工记》中记载："金有六齐。"意思是：青铜器铸造时根据所铸不同青铜器具的要求，对铜、锡、铅的原料有六种配制比例。这六种配比是从商周时期的冶金实践中总结出来的经验，是公认的世界上最早的关于青铜合金成分比例的系统著录。殷墟青铜器中的铅含量，通常在 10% ～ 20% 之间。H25 内总重达 3404 千克的铅锭显然是贮藏的原料。距 H25 东部数百米之外的苗圃北地便是殷商时期的铸铜作坊遗址，商人把铅锭统一贮藏，方便铸造时取用。

贮藏坑是商人为了能够方便随时取用铅锭而设置的。但实际上，贮藏坑被人为地封填了。通过对 H25 出土的陶片及其周边的一些灰坑年代分

H25 铅锭窖藏剖面

析，考古学家判断该坑应为殷墟文化四期晚段，此时应是殷商末年，在昏庸暴虐的纣王统治下的商王朝已经日益衰落，纣王杀死王叔比干，囚禁其兄长箕子，而周族部落已在西部崛起，周武王经过长期认真准备，于公元前 1046 年的二月初，亲自率兵车三百辆，近卫军三千人，甲士四万五千人，并联合了备受殷人压榨的庸人、羌人、蜀人、卢人等方国部落，组成了一支浩浩荡荡的东征大军，一路上所向披靡，渡过黄河，于癸亥日到达了朝歌附近的牧野（今河南卫辉），连夜布阵。于第二天甲子日黎明，在商郊牧野举行誓师大会，发布誓词。誓师完毕，就陈师牧野，准备战斗。纣王多年来荒废朝政，朝歌城中几乎无兵可守。无奈之中，纣王只好把城中关押的奴隶组织起来，迎战周军。牧野大战，商军前阵倒戈，队伍顿时大乱，土崩瓦解。周军趁机长驱直入，杀得商军尸横遍野，血流漂杵。朝歌战败的消息传到殷都，殷都城内，周人来势汹汹，殷人在逃离时无法带走如此大量的原料，为不被周人所获，就地掩埋封填乃是必然选择。

此次 H25 铅锭贮藏坑发现的铅锭数量大、埋藏背景清楚，对于商王朝铅原料的研究具有重要意义。

（曹　阳）

多元大邑商

从陶鬲说起

通过殷墟发现的不同风格、形式多样的陶鬲,可以看到殷墟周边许多文化齐聚于王都的现象。所以,殷墟文化是由多元文化组成的,正是这些多元文化,构成了多姿多彩的大邑商。

殷墟出土文物种类众多,而最能彰显殷墟文化基本形态的是陶器。殷墟所见到的实用陶容器达 26 类之多,这些陶器不仅是研究大邑商百姓日常城市生活及其变化的重要材料,还是探讨大邑商的社会构成、殷墟文化与周边其他文化的主要实证。陶鬲又是殷墟众多陶器中最具代表性的一类。

陶鬲是商代最常见的炊具,用途是煮食物,就像今天的锅,也是放在灶上使用的。只不过商代的灶非常简单,即地面上挖一个火塘,前面掏一个火门,后面留一个烟道就成了灶。

甲骨文的鬲字为象形字,作"🜛"形,样子就像殷墟发现的陶鬲,主要特点是突出其下腹的三个袋足,用来支撑在灶上。殷人还有用陶鬲来计

陶鬲用法示意图

算人口的现象，即"人鬲"。《甲骨文合集》28098："……其多兹……十邑……而入执……鬲千……"这片甲骨记载的是发生在商王廪辛康丁时期的一次战争，夺得了十邑鬲千。"十邑"即十座城市，"鬲"即为人鬲，指具有劳动生产力或战斗力的丁壮人数单位，一鬲意指一家，"鬲千"即千鬲，意思是一千家，一家若按3口人计算，"鬲千"就是3000人。此次战争，商王夺取了十座城池和数千人。用陶鬲来计算人口，足见陶鬲在殷人日常生活中的重要地位。

　　殷墟发现的陶鬲形态多样，近几年，殷墟又发现了几种不同形态的陶鬲。今后，随着殷墟的考古发掘和资料整理，不同文化类型和风格的陶鬲

- 体瘦高，弧裆微瘪，实足粗大
- 在殷墟集中见于殷墟一期晚段，源自晋□地的晚商文化

- 卷领，丰乳状袋足，无实足
- 多见口沿上有花边或领外有花边堆纹，又称花边鬲
- 殷墟少见，源自晋陕高原的青铜文化

- 殷墟最为常见
- 器型多样
- 数量最多
- 序列完整
- 共出频率高

- 特高领，花边口沿，带耳，袋足丰满，即高领袋足鬲
- 殷墟少见，陕西扶风刘家文化的典型器物

- 弧裆微瘪，为周式联裆鬲
- 殷墟少见，常见于关中地区先周文化

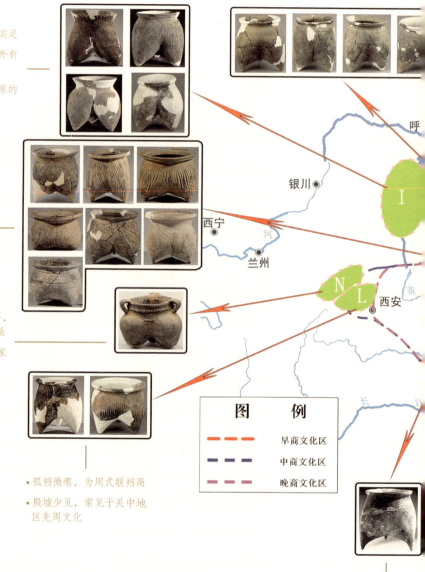

呼

银川

西宁

兰州

西安

图　例

━━ ━━ 早商文化区
━━ ━━ 中商文化区
━━ ━━ 晚商文化区

- 颈部到上腹部间有较宽的素面带
- 在殷墟数量较少

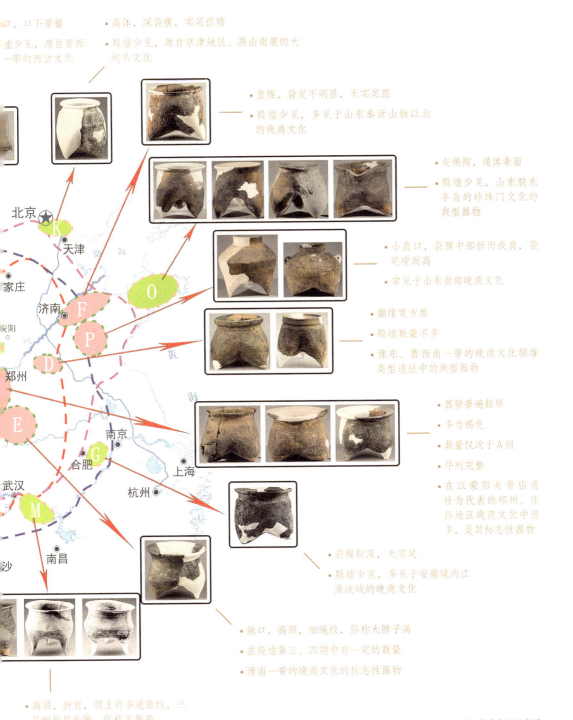

•口，口下带鋬

•□墟少见，源自晋西一带的西岔文化

•高体、深袋腹、实足很矮

•殷墟少见，源自京津地区、燕山南麓的大坨头文化

•直腹、袋足不明显、无实足跟

•殷墟少见，多见于山东泰沂山脉以北的晚商文化

•灰褐陶、通体素面

•殷墟少见，山东胶东半岛的珍珠门文化的典型器物

•小直口，袋腹中部折而成肩，袋足瘦而高

•常见于山东南部晚商文化

•翻缘宽方唇

•殷墟数量不多

•豫东、鲁西南一带的晚商文化堌堆类型遗址中的典型器物

•器壁普遍较厚

•多为褐色

•数量仅次于A组

•序列完整

•在以荥阳关帝庙遗址为代表的郑州、许昌地区晚商文化中很多，是其标志性器物

•袋腹较深，无实足

•殷墟少见，多见于安徽境内江淮流域的晚商文化

•敞口、高颈、细绳纹，俗称大脖子鬲

•在殷墟第三、四期中有一定的数量

•豫南一带的晚商文化的标志性器物

•高颈、折肩、领上有多道弦纹、三足细长且外撇、俗称羊角鬲

•殷墟少见，源于湖北东部晚商遗址

北京
天津
济南
家庄
阳
郑州
南京
合肥
上海
杭州
武汉
南昌
沙

K O F P D E G M

A-P组陶鬲来源示意图

暂不明来源陶鬲

肯定还会增多。这张 A—P 组陶鬲来源示意图是我们根据前人的研究成果，将殷墟出土陶鬲按不同风格分为 16 组，来探寻它们的文化因素的来源。

此外，殷墟还发现一些形制特殊的陶鬲，也应来自殷墟以外地区，只是暂时还不知道它们源自哪里。它们应该也是多源的，每一型或许分别代表一组，即代表某一个区域文化。

以上各组及暂不明来源的陶鬲，基本涵盖了以陶鬲为核心的殷墟文化群组。其中 A 组器型和数量比其他群组明显多得多，也就是说以 A 组陶鬲为核心的文化因素在整个殷墟文化中明显居于主导地位，其他各组的文化因素则处于次要地位。此外，处于次要地位的各组间也有一定差别，其中 B 组的数量是除 A 组以外最多的，几乎见于殷墟各个时期。D 组也几乎见于殷墟各个时期，但数量不及 B 组多。其他组则多见于殷墟某个时期，数量也少。这说明 B 组、D 组陶鬲为代表的人群应该比其他组的人群与殷墟即大邑商的交往更为紧密一些。

从各组陶鬲的流行地域看，A 组陶鬲常见于以殷墟遗址为代表的晚商文化殷墟类型，其他各组（含暂不明来源）陶鬲或分别流行于其他商周考古学文化类型，或分别常见于周边其他考古学文化。换言之，A 组陶鬲是殷墟文化固有的典型文化因素，其他各组（含暂不明来源）陶鬲是殷墟文化的非典型文化因素。这么多组的非典型风格陶鬲出现在殷墟遗址，恐怕不能仅简单以文化交流来解释。这些非典型各组（含暂不明来源）陶鬲，应多是殷墟以外的人群从各地来往商王都殷墟的旅途中或居住在殷墟时所使用的炊具。所以，根据这些不同风格的陶鬲，不仅可探讨殷墟文化与周边文化的关系，还可探讨商王都与其他地区人群之间的互动关系。

综上，通过殷墟发现的不同风格、形式多样的陶鬲，可以看到殷墟周边许多文化齐聚于王都的现象。所以，殷墟文化是由多元文化组成的，正是这些多元文化，构成了多姿多彩的大邑商。

（岳占伟）

小屯南地 2172 号甲骨

一片甲骨惊天下

　　安阳殷墟出土的甲骨文是目前我国发现最早成体系的文字。甲骨文是刻写在龟甲或兽骨之上，记录殷商王室占卜、祭祀的文字。商人占卜时首先在甲骨背面钻凿出一些圆窝与长槽，然后将燃烧的木炭放入圆窝与长槽中进行灼烧使甲骨表面产生裂纹，从事占卜的人会根据这些裂纹的形状来判断事物的吉凶，最后将占卜事情的经过与结果契刻在甲骨之上，便形成了我们今天所看到的这些神奇的甲骨文字。

　　清朝末年，安阳小屯村的农民在耕种时，经常从农田中挖出一些古老的龟甲和兽骨，其中有的甲骨上还刻有文字符号。当时，这些挖出来的甲骨，有的被用作肥料，有的被用来填塞枯井，有的被磨成粉末作为治疗破

第一步，对龟甲或兽骨进行整治使其平直，用铜钻在甲骨的背面钻出深而圆的孔

第二步，在钻孔一侧凿出枣核形槽（也有的甲骨只凿不钻）

第三步，用燃烧的木枝在钻凿处灼烧使甲骨正面爆裂，出现卜形兆纹

第四步，根据兆纹判断吉凶，把占卜之事刻在兆纹附近

伤的刀尖药，也有的被当作"龙骨"成批卖给中药铺。（《神农本草经》中记载："龙骨"能治头晕、溃疡、癫痫、疟疾等疾病。）安阳一带多产药材，城中有几个中药铺，常常派人下乡收购药材，"龙骨"就是他们收购的一种。

清光绪二十五年（1899），在北京做官的王懿荣因病服药，从中药"龙骨"中发现了甲骨文。王懿荣是著名的金石学家，对古文字的考究造诣颇深。经过认真研究分析，他认为"龙骨"上刻的是商代的文字，便将其作为珍贵文物购藏起来。自此以后，殷墟甲骨文才从"龙骨"变成了珍贵的古代文化研究资料。王懿荣对甲骨学的建立做出了重大贡献，但他在1900年八国联军攻入北京后投井自尽以身殉国，没来得及对所藏甲骨进行全面研究，因而也没留下有关的论述。

早期的甲骨收藏家都是从古董商手中购买甲骨。古董商人看重利益，对甲骨出土地秘而不宣。1908年，著名金石学家罗振玉经过细心探访终于最先了解到甲骨文的真正出土地——安阳小屯。从1928年殷墟考古发掘开始，到1937年抗日战争爆发前夕，15次的科学发掘，殷墟共出土殷商甲骨24918片。

中华人民共和国成立以后，在殷墟及其周围地区，还有甲骨源源不断地被发现。1973年在安阳小屯南地的甲骨发现，是中华人民共和国成立后最大的一宗甲骨发现。这片牛肩胛骨是其中最具代表性的一块，编号2172，是一块残断的甲骨，大概相当于完整牛肩胛骨面积的三分之一，然而却在上面发现了93个单字，文字清晰，大小均匀，契刻有力。整篇卜辞中"王"和"田"出现的次数最多。甲骨文"王"字是一个象形字，像一件兵器钺，是权力和地位的象征。冷兵器时代，手持大钺征战四方的人被称为王。"田"字也是一个象形字，是指种植农作物的土地，而在

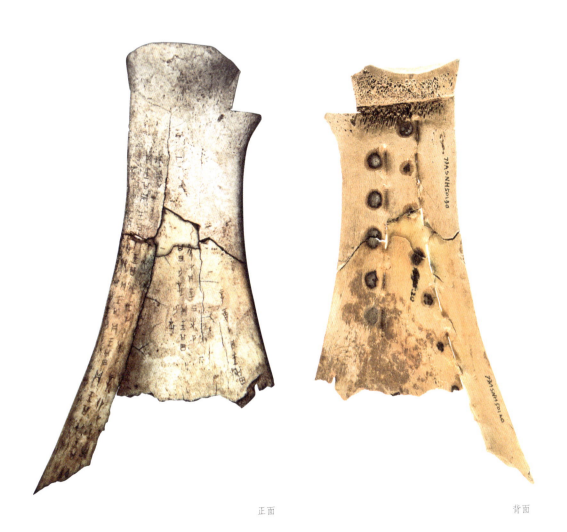

正面   背面

小屯南地 2172 号甲骨

商（前1300—前1046）

通高21.6厘米

1973年河南安阳殷墟小屯南地出土

殷墟出土甲骨（正面）　　　　　　　　　　殷墟出土甲骨（背面）

本篇卜辞中用作动词，是田猎的意思。骨片最右侧一行自上而下的内容是："辛酉卜，贞：王其田。"意思是：辛酉日占卜，贞人问卦，商王田猎有灾祸吗？这93个文字分别记录了商王于戊子、辛卯、乙未、戊戌、辛丑、壬寅、戊申、己未、辛酉、乙丑日占卜田猎是否有灾祸的问题。同样的问题在整块甲骨片中出现了11次，只是卜问的时间不同。那么，大家一定想知道商王田猎到底平安与否。一篇完整的卜辞包含四部分内容：叙辞、命辞、占辞、验辞。叙词记录占卜时间和贞人；命辞记录卜问内容；占辞记录商王根据卜兆所得出的判断；验辞记录占卜之后的应验结果。这块甲骨中并未发现验辞，所以，我们无法考证商王这11次田猎的结果。

自 1899 年至今，在殷墟出土甲骨片约有 15 万片，其中关于田猎的刻辞甲骨约有 5000 片。"国之大事，在祀与戎"，祭祀和战争是商代最重要的社会活动，然而这两者都离不开田猎。商王田猎时须驾驭马车，侦察兽情，集合众士，操持猎具，排兵布阵，这与作战打仗没有两样。射猎队伍，就是作战队伍；射猎指挥官，就是作战指挥官。在田猎之中大家只要严明了纪律，增强了武艺，鼓舞了士气，掌握了谋略，就能在战场上克敌制胜，所以商代田猎就是当时的军事演习，有实力展示和震慑的作用。在这版卜辞中，从戊子日到乙丑日，这期间大约有 37 天，商王在这 30 多天里接连 11 次外出狩猎，几乎平均三天就要进行一次，而这一信息，向我们展示了此时的商王朝应该是处于一种稳定的状态，朝局稳定、百姓安居，商王才有心情、有空闲经常去狩猎。

　　2172 号甲骨是殷墟博物馆的镇馆之宝，它品相端庄大方，文字清晰优美，是殷墟出土甲骨中非常精美的一片。端详它的形状甚至有些像甲骨文中的"骨"字 ，国家邮政局曾用它的形象向全球发行纪念邮票，它也曾以彩图的形式出现在中学历史教科书中，俨然是一枚"甲骨明星"。

　　中国文字博大精深，小小的方块字承载了中国传承千年的文化，凝聚着中华儿女的民族精神。汉字从简单的符号到成体系的文字，甲骨文不仅是一块见证历史的里程碑，也是中华文明的见证者、传承者，历经数千年的演变而延续至今，书写出一部博大精深的中华文明史。

（曹　阳）

YH127 甲骨窖穴

高宗的记忆

甲骨之上，这些或刻或写的文字记载了殷商占卜中关乎家国命运的问题、答案和结果，最后连同记录着它们的载体，在那个时代的种种仪式后被刻意埋入土中。

2017 年 10 月 30 日，闻名于世的甲骨文成功入选《世界记忆名录》，这些古人刻写在龟甲和兽骨上的符号成为全人类共同守护的集体记忆。作为中国已知最早成体系的文字，甲骨文既是现代汉字的源头，也是实证中国上古历史的关键证物。

三千多年前的殷商先民继承了始至史前时代的甲骨占卜、崇信鬼神的习俗，商人相信，通过这种方法可以与主宰他们命运的神明进行沟通，进而知晓未来的吉凶祸福，这样的观念致使他们无事不卜、无日不卜。甲骨之上，这些或刻或写的文字记载了殷商占卜中关乎家国命运的问题、答案和结果，最后连同记录着它们的载体，在那个时代的种种仪式后被刻意埋

United Nations
Educational, Scientific and
Cultural Organization

Memory of
the World

UNITED NATIONS EDUCATIONAL, SCIENTIFIC
AND CULTURAL ORGANIZATION

Certifies the inscription of

Oracle-Bone Inscriptions

Institute of Archaeology, Chinese Academy of Social Sciences

(Institution)

Beijing   **People's Republic of China**

(Town)   *(Country)*

ON THE MEMORY OF THE WORLD INTERNATIONAL REGISTER

30 October 2017

(Date)

Irina Bokova
Director-General, UNESCO

2017 年 10 月 30 日
联合国教科文组织颁发给中国社会科学院考古研究所关于甲骨文收录《世界记忆名录》的证书

带字甲骨

甲骨拓片

入土中。频繁的占卜活动昭示了殷商时代上至王公贵胄下至平民百姓的虔诚，借巧也为后世了解那个时代镌刻下不朽的文字。

YH127 甲骨窖穴，1936 年仲夏发现于安阳西郊小屯村村民张学献家位于村庄东北的七亩田地的正中间。这个载入中国考古史上的重要遗迹并非村民耕作过程中的意外发现，而是前"中央研究院历史语言研究所"考古组在殷墟开展田野考古中最重要的成果。肇始于 1928 年 10 月的殷墟考古，前后持续近 10 年，考古组在殷墟一共进行了 15 次有计划的发掘活动。这个漫长的过程被视作是由政府主导和支持的中国考古学从无到有的关键时期。这一时期，考古工作人员基本探明了殷墟遗址核心区域的分布范围，YH127 甲骨窖穴就在殷商时期宫殿宗庙的范围之中。时至今日，YH127 甲骨窖穴出土的田地连同它所在的村庄还被认为是中国考古学诞生的摇篮。

YH127，Y 指殷墟，H 代表古代先民掩埋生产生活废弃物的灰坑，127 代表这个灰坑在此次发掘区域中同类型遗迹中的顺序编号。不同于一般的灰坑，YH127 甲骨窖穴中掩埋着一个直径近 1.8 米，堆积厚度更近一人之高的巨大甲骨窖藏。这个窖藏中贮存着 17096 片甲骨，是迄今为止殷墟科学发掘过程中出土甲骨最多的一坑。

1928 年成立的"中央研究院历史语言研究所"，作为当时中国最重要的考古研究机构，在时任所长傅斯年极富民族意识的领导下，为在中国建立科学正统的东方学，不顾老派学者的反对，秉持着"一份材料出一分货，十份材料出十分货，没有材料不出货"的务实态度，于殷墟开启了

YH127 甲骨窖穴

傅斯年

"上穷碧落下黄泉，动手动脚找东西"的田野尝试，而发掘的首要目的就是为否定甲骨学泰斗罗振玉所认为的自王懿荣发现甲骨以来的三十年中，殷墟甲骨已被挖掘一空的谬论，同时也为研究殷商历史寻找新的材料。YH127甲骨窖穴的发现可谓极大地满足了"中央研究院历史语言研究所"在殷墟工作的目的和初衷。在1977年出版的《安阳》一书中，被誉为"中国考古学之父"的李济先生这样写道："……当傅斯年所长选择安阳为第一个遗址，以此检验现代考古学的理论和方法，他主要是被在该地区已经发现最早的书写汉字记录这一著名事实所鼓舞。换句话说，傅斯年作出这个决定的主要目的是了解有字甲骨是否仍存在。果然，在科学方法的指导下，经过八年多坚持不懈的工作之后，于1936年夏季发现了YH127龟甲档案。它使基于推论和田野经验积累的事业获得圆满成功。H127 的发现不是侥幸的事，而是由系统的科学工作积累的成果……"

下面，亲历发掘 YH127 的考古学家石璋如老先生的回忆带我们穿越回 80 多年前的现场，感受当年发掘与保护工作的一波三折。

"1936 年 6 月 12 日下午 4 时，在坑的东北壁出了一小片字甲。接着向下愈出愈多，天已黑了，不得不停止，计有 760 片。把坑盖好，夜里嘱长工看守，第二天接着发掘，坑径只有二公尺（米）左右，其中只能容纳二

YH127 甲骨堆积

1936 年 YH127 发掘现场

人工作，因为这是重要发现，特由王湘先生和我亲自发掘。大龟版一片挨一片的满坑都是，简直无法下脚，工作是由前向后退着干，不能容纳二人时，我先退出；最后王湘先生也无立足之地的时候，只好把坑壁打开了一个大口，让他出来；等照相后，把甲骨起出，其下仍有许多，但不知尚有多深。

1936 年 YH127 发掘现场

1936 年 YH127 发掘现场

　　"于是，14 日改变办法把甲骨坑变成甲骨柱，从前是挖心，现在是剥皮，并想把甲骨柱装入一个大木箱中运回南京发掘，同时与城内的木匠接洽。他们来一看，即说没有这样大的材料，回去连夜找大树，锯厚板，把材料运到工作地来做。因为箱子太大，边长 2 米，高 1 米多，无法在坑底转动。于是在空中吊起，由上直向下套；又由于《彰德日报》宣传，研究院发现一个大龟壳，装一个大箱，惹得附近的人都来看热闹。经过四天四夜艰苦工作，把灰坑甲骨装入大木箱后，向上运，坑深约 5 米，因为太重了，两天的工夫才运上来。"

　　"下一步是把大箱子运抵火车站。安阳最有运输能力的人叫作李绍虞，

是我们办事处的西邻，与董作宾先生是好朋友，曾是安葬袁世凯'大总统'时的杠房灵车总指挥，非常有名气，他愿意帮忙。不过杠房的能力不够，仅能供给材料，要他寻找人力。说定后，他用双杠式把箱子捆扎起来，好像抬轿式，用八八 64 人来抬，并有 6 人帮忙，共 70 人，并在当地训。他提了一面铜锣，说：'第一声，各就各位；第二声，杠子上肩；第三声，扶杠挺胸；第四声，开步走。'说了之后即依序执行。第一声、第二声顺利进行，第三声扶杠挺胸的时候只听'嘎喳'一声，两根红漆大杠折断了，箱子未动，工人星散，怎么办呢？我们只好把箱子打开，取出一部分土块，又把箱子锯去一段以减轻重量。我们的工人们自组团体来运输，他们借了两根榆木大梁，据说榆木只能弯，不会断，改变方法作十字形捆扎，用六八 48 人来抬，再用 22 人协助，也是 70 人，因为十字形抬法有两个缺点：其一，是横面太宽，车路无法容纳，只能走麦田。其二，十字形捆扎，杠在箱顶，抬起来箱底距地面太近，碰到麦根的阻力，更增加它的重量。因为太重，

三十步、四十步便要休息，距车站不过三里路，整整走了两天。第一天的夜里，住宿在薛家庄南地。第二天傍晚，箱子抬到铁轨上，工人们的勇气也不知从哪来了，围观的人高呼加油，大箱子一气运上了站台。……7月12日接到南京'史语所'电报云：大箱子已运抵本所了……"

运抵南京的这坑甲骨又经过三个多月的室内清理，其后伴随抗日战争的全面爆发，跟随"中央研究院历史语言研究所"踏上了颠沛流离的南迁之路，最终在中华人民共和国成立前夕被国民政府带到了台湾。

战争中的苦厄交迭，并未使对YH127甲骨窖穴的深入研究停顿下来，YH127甲骨窖穴丰富的内容也为我们深入了解殷商历史提供了详备的文字和文物材料。

朱书甲骨

墨书甲骨

从现象上看，YH127甲骨窖穴是以龟甲为主要内容的专门窖藏，17000余片中只有8片是牛骨，其他的皆是龟甲，可见殷商人在窖藏甲骨是有意将龟甲和兽骨分开掩埋。在这诸多甲骨中，有300余版完整的龟腹甲，其中更有长44厘米、宽35厘米的巨大龟甲，被生物学家认定为产自马来半岛。这批甲骨之上，除了殷商时期契刻下的刀笔文字，更有甚者还出现了毛笔书写的朱书或墨书文字，其字形结体的风格已经具备了波磔的书法意蕴，可谓难得一见的书法开山之作。

　　"唯殷先人，有册有典"，时至今日YH127甲骨窖穴被视作保存殷商先民典章史册的府库，更被国际学术界认定为"世界上最早的档案库""中国最早的图书馆"。经过八十余年的整理研究，我们可以确信这批珍贵窖藏中的甲骨文辞记录着殷商时期在位时间最长的国王武丁统治晚期将近15年的占卜活动，是见证这位被后人尊为商高宗的有为君王，其治下"邦畿千里，维民所止"之盛世的兰台金匮，更是我们回望华夏历史的最宝贵的民族记忆。

（刘　潇）

殷墟王陵

古墓轶轶

商代的王陵遗址虽然被考古学者发现了，但遗憾的是它们早已历经了古今无数次的盗掘，大部分文物早已不见踪影。但仅仅是揭露的墓址和残存的少量随葬品，也足够令当时的考古人员感到震撼。

1934 年的秋天，中国第一批考古学者在洹水北岸发现了距今三千多年的商王陵墓群，这是我国目前已知最早最完整的王陵墓葬群，可谓是中国帝陵制度的先河。

殷墟王陵遗址南边隔洹河与小屯宫殿遗址相望，这里自 1934 年起，共发现 13 座商王或王室成员的陵墓以及 2000 余座陪葬坑和祭祀坑。王陵分东、西两区。其中，西区有八座大墓，东区有五座大墓。这些大墓均南北向，由墓道和墓室构成。墓形呈"亞""中""甲"字形等。墓道有四条、两条、一条三种类型，墓室为土框竖穴，墓室四周都有"二层台"，其作用多是为了放

殷墟王陵遗址墓葬地下封存，地上植被复原展示

1935 年殷墟第十一次发掘，M1002 北墓道，梁思永、梁思成合影

1934 年殷墟王陵遗址 M1001 墓发掘现场

置祭祀物品。二层台所围的地方是椁室，椁室中部放棺室，墓主人位于棺室内，墓葬底部有一个方形坑，被称为"腰坑"，通常埋葬一条狗。

例如，M1001 为"亞"字形大墓，位于王陵西区东部，有四条墓道，墓室平面呈"亞"字形，四条墓道呈坡状或台阶状。墓内外的殉人及人牲多达 225 人，出土了青铜礼器、玉石器、白陶及金叶等大量制作极为精美的随葬品。M1001 是殷墟王陵区中时代较早的墓葬，被认为是商王武丁的陵墓。

虎纹大石磬

商（前1060—前1046）
长84厘米，厚2.5厘米
1950年武官村大墓出土

　　武官村大墓位于王陵东区东北，墓形呈"中"字形，有两条墓道。墓内殉人多达 79 人，出土了青铜礼器、玉石器等丰富的随葬品。其中虎纹石磬是目前殷墟出土乐器中最大的一件，也是中国古代乐器宝库中难得的珍品。

　　M260 位于王陵东区南部，墓形呈"甲"字形，一条墓道，墓内殉人达 37 人，目前所见中国古代最大的出土青铜器、著名的司母戊大方鼎就出自该墓。

　　在王陵区的东、西两区，分布着 2000 余座小型墓葬，其中东区已发掘 1383 座，西区发掘 104 座。1976 年发掘清理的 191 座祭祀坑就发现祭祀人牲 1178 人，这些墓葬除少数为陪葬墓外，大多是祭祀坑，这些祭祀坑的存在成为商代人祭制度的历史见证。

　　1934 年到 1935 年，"中央研究院历史语言研究所"考古组在王陵区就发现了一批祭祀坑和陪葬墓，但这时的发掘者的注意力主要集中在大墓上，对小墓尤其是还没有把祭祀坑作为一个重要的问题来对待。从 1950 年到 1976 年，特别是

1950 年殷墟王陵区武官村大墓发掘情况

殷墟王陵遗址 M260 墓圹复原

1934 年秋至 1935 年夏，殷墟王陵区 M1004 内鹿鼎、牛鼎出土情况

1976 年，中国社会科学院考古研究所在王陵东区探出 200 座祭祀坑，这
批祭祀坑分布集中，排列有规则，说明这是一处专用的祭祀场。王陵大墓
附近设置这样一个大型祭祀场，祭祀的对象应是商王祖先。

　　这 200 多座祭祀坑，都是长方形竖穴坑，南北方向的坑是多数，东西
方向的坑是少数，绝大多数是全躯，葬式也以俯身为主，死者多是成年女
性或儿童，坑内埋的人骨架数量也不相等。青壮年是南北向埋葬，女性和

鹿鼎

牛鼎

儿童是东西向埋葬，当时的祭祀制度决定了用男用女（或儿童）在葬式上要加以区别。从人骨架上观察，有的被砍头，有的被肢解，有的被腰斩，有的被捆缚，有的骨架的姿势还保持着处死前挣扎的状态。可以想见当时埋人的悲惨景象。

甲骨文中有关用人祭祀的材料也很多，一次祭祀少则 1 人，多则几百人，从盘庚迁殷到帝辛亡国，历时 255 年，见于卜辞祭祀用人 13052 个，另外还有 1145 条祭祀卜辞未见人数，若每条卜辞以 1 人计算，祭祀用人至少有 1145 人。这样算下来，见于卜辞有明确记载的人祭就有 14197 个。再加上没有发现和无法统计的卜辞人祭，用人会更多。

商代的王陵遗址虽然被考古学者发现了，但遗憾的是它们早已历经了古今无数次的盗掘，大部分文物早已不见踪影。尽管如此，仅仅是揭露的墓址和残存的少量随葬品，也足够令当时的考古人员感到震撼。这些随葬品极其精致，有铜器、石器、玉器、骨器、绿松石、白陶、蚌器等近千件。例如在 M1004 墓葬的墓道与墓室相接的地方，发现未经挠动的大铜方鼎一对：一件铸有牛纹，称为牛鼎；一件铸有鹿纹，称为鹿鼎。牛、鹿形象逼真，生动可爱。这两只动物以夔龙、夔凤和云纹衬托，虚实结合，相映成趣。这两件器物制作精美，花纹富丽，器形雄伟，反映了殷代青铜铸造工艺达到了相当高的水平。

三千年前的商代国王"事死如事生""丧礼者，以生者饰死者也，大象其生，以送其死，事死如生，事亡如存。"他们在弥留之际，相信生前是怎么样的，死后也是怎样的。生前锦衣玉食，死后自然也不能委屈自己。殷墟王陵遗址规模宏大的墓葬形制和非常丰富的随葬品是我们考察当时社会生活、生产技术、艺术水平、宗教信仰等不可多得的珍贵史料。

（杨艳梅）

后冈青铜觥盖

仙虎寻隐 虎啸长风

从商代的青铜觥盖到《庄子》的"天地与我并生，而万物与我为一"，生态文明意识在中华民族传统文化中逐渐萌芽、生长、成熟。

如果说殷墟是"20世纪百项考古发现之首"，那么，后冈遗址则是殷墟考古发掘中最重要的一部分。自1931年著名考古学家梁思永先生发现著名的"后冈三叠层"开始，考古学家们就从未停止对这片遗址的探索和发掘。

1991年下半年，驻地安阳的社科院考古所安阳工作队在后冈遗址发掘了一座晚商时期带南北墓道的"中"字形大墓——M9。令人惋惜的是，这座高等级商代贵族墓葬曾遭到多次盗掘，破坏十分严重。即便如此，考古队员们依然在这座墓中发现了许多珍贵文物，包括陶器、青铜器等诸多器物，对研究晚商历史具有重要意义。

后冈青铜觥盖

商（前1600—前1046）
长29.1厘米，通高13.7厘米
1991年殷墟后冈M9出土

M9 青铜觥盖 "虎头"

其中有一件青铜器因其造型精美、铸造工艺精湛而备受关注。

　　这是一件青铜觥盖。觥，是商周时期流行的一种盛酒器，一般由器身和器盖两部分组成，器身予以盛酒，器盖多铸成兽形并饰以繁复的纹饰，整件器物兼具实用性和装饰性。然而，和"米洛斯的维纳斯"一样，美好的事物总是不那么完美。后冈 M9 的这件觥盖出土时并没有发现下半部分

　　的器身，人们推测器身很可能早已遭到盗掘，仅剩器盖得以幸免，所以这件器物并不完整，但这丝毫没有影响这件器盖的"美"和人们对它的喜爱。

　　在多数参观游客看来，这件器物造型颇为奇特，前面饰一虎头，后面饰一鹿头，盖面中间还饰有一条扉棱，两侧饰夔龙纹，周身遍布云雷纹。整件器物融合了所谓"虎头"与"鹿头"两种神兽，犹如商人幻想出来的

孔雀石"龙首"

"神兽"。器物周身装饰的云雷纹则更显商朝人的瑰丽与浪漫，充满商人丰富的想象力。但实际上，"艺术来源于生活"，商朝人也不外乎如此，这件器盖上的动物造型并非幻想中的"神兽"，它们都曾是商朝时期真实存在而现在又鲜为人知的野生动物。

觥盖上的"虎头"装饰古朴庄重、虎虎生威，不过准确来讲，我们应当称其为猫科动物。杨钟健先生对殷墟民国时期出土的哺乳动物材料进行分析研究后发现，在商代殷墟曾出土了较多猫科动物遗存，包括虎、豹及不知名猫科动物等。这为殷墟时期的生态环境提供了重要研究资料。从地理环境上看，安阳地处华北，在这里自古生活着一种中国独有的豹亚种——华北豹。这种大型猫科动物曾广泛分布于河南、山西等华北太行山一带，但是在 20 世纪 60 年代，随着栖息地的破坏和人类的捕杀，华北豹几近绝迹，这些曾经威风太行一带的大型猫科动物几乎并不为外人所知。当然，觥盖上的虎头并不一定就是华北豹，我们仅以此为例说明 M9 觥盖上的虎形装饰不一定就是"虎"，还很有可能是商代常见的各种猫科动物。

另一"鹿头"装饰则造型更为奇特且精致生动，这一动物的原型也是真实存在的，它便是偶蹄目鹿科麂属动物——赤麂。赤麂在今天主要分布于云南等亚热带气候地区，体型似鹿但较鹿略小，最有特点的是它的角，角基一般前凸且较长，两角向上有一个分叉，分叉内卷，极具辨识度。M9 这件觥盖上的"鹿头"正是赤麂的典型特征。另外，M9 觥盖的赤麂在殷墟发掘中并非孤例，在殷墟博物馆的玉器展厅中还展示有两件孔雀石的赤麂头，但是标识牌中却将其称为"龙头"，大概也是把赤麂这种现在华北地区不常见的动物误认为是传说中的神兽了吧。另外，与之相似的还有西周时期的石鼓山牺尊、邓仲牺尊等，这些青铜器虽然定名为"牺"，但我们通过这些器物与赤麂的外形特征对比发现，这些器物无一例外都是以赤麂为原型铸造的。对此，有研究认为以石鼓山牺尊为代表的动物青铜器原型也是赤麂。

为什么商人在铸造这件青铜器的时候会选择这些现在中原地区并不常见的野生动物呢？这一切还要从商代殷墟的气候变化说起。竺可桢先生在《我国近五千年来气候变迁研究分析》一文中指出，殷商与西周早期中原地区气候平均气温要高于现代温度 2 ~ 3℃，类似于云南一带的亚热带气候，一直到周代中期中原地区气候才逐渐转冷。在商代，殷墟气候温暖湿润，生态环境良好，而且现有的考古发掘资料显示，这里曾生活着各种各样的野生动物，既包括现在能见到的虎、豹、大象、褐马鸡等，也包括已灭绝的圣水牛等野生动物。因此，我们推测，在商代赤麂和各类猫科动物一定也都是人们常见的本土野生动物，所以在铸造这件青铜觥盖时商朝人选择了赤麂等常见的野生动物，也正因如此，这件青铜觥盖才能铸造得如此形象而生动。

认识了青铜觥盖的造型原型，我们再看这件器物，它不仅体现了商朝匠人高超的青铜铸造工艺，也从侧面展现了商代人生活的自然生态环境。所以，M9 青铜觥盖不仅仅是一件青铜器，更是再现商代殷墟生态自然环境的重要历史证物。知史明今，无论是考古发掘工作，还是藏品研究，亦或是文物保护，都是为了透过古代历史遗存更加深入了解古代人类社会生活。在中国古代，人们就已经产生了较为成熟的生态环境意识，从商代的青铜觥盖到《庄子》的"天地与我并生，而万物与我为一"，生态文明意识在中华民族传统文化中逐渐萌芽、生长、成熟，最终形成了新时代生态文明建设和生态环境保护战略思想。今天，我们已将生态文明建设纳入中华民族永续发展的国之大计，人与自然和谐共生成为社会主义现代化建设的重要内容。

仙麑寻隐，虎啸长风。虽然现在殷墟已没有了赤麑和虎豹的踪迹，但当我们站在这片古老的土地上，驻足在 M9 青铜觥盖前，闭上眼睛似乎可以想象商朝的自然生活画卷：三千多年前洹水悠悠，两岸树木葱郁、水草丰茂，虎豹熊罴、鹿麑麋麝等各种珍禽异兽奔跑于山野密林之间，商朝人在这充满自然野性的生态环境中农耕渔猎、繁衍生息……

（王　林）

彭尊

吉金丰碑

"亚□"赐予"彭□"的"□吕□"当是铸造这件彭尊时所用的铜锭。作为"彭"，这些铜锭代表了个人和家族所受的莫大荣耀，诚惶诚恐的他请来当时的能工巧匠，将这份荣耀毕恭毕敬地铸成了不朽的吉金丰碑。

　　，这是一个契刻在商代甲骨上的文字，它由两部分组合而成：下方的符号　是一双手，正在做着举托的动作，这符号同时也是一个甲骨文字，今天隶定为廾（gǒng）；双手举托的对象　，则是另外一个甲骨文字，代表一种流行于商代的容器，今天隶定为酉。　与　二者合为一体，便是尊字在甲骨文中的写法。

　　《说文解字》中这样注释尊字："尊，酒器也。从酋、廾，奉之也。《周礼》六尊：牺尊、象尊、著尊、壶尊、太尊、山尊。以待祭祀宾客之礼。"对比甲骨文字，许慎在东汉年间给出的解释似乎与尊字的本字还是略有出入，这个出入就在双手捧奉的是"酉"而非"酋"。

彭尊

商（前1600—前1046）

通高24.5厘米，重2.6千克

1994年安阳殷墟大司空村7号墓出土

　　，即酉，是一个典型的象形字。从字形上看，这是一种尖底儿、有颈、大口、深腹的容器。考古工作中，早在距今6000年前的大汶口文化就已发现与　字所描绘的器物形象极为相近的陶制容器，这类器物被考古学者命名为大口尊。经过数千年的发展变化，到了商朝早期，出现了用金属材料铸造而成的青铜大口尊。其后，在商代中晚期更是出现了诸如四羊方尊这样闻名于世的大口尊。

见诸于图录或有实物留存至今的商代铜尊，约有 300 件，但是经由考古发现的却寥寥无几。1994 年，安阳殷墟大司空村东地的 7 号墓中出土了一件极富价值的铜尊，这件铜尊通高 24.5 厘米，重 2.6 千克；侈口，小方唇，深腹，下腹微鼓，喇叭形高圈足。在尊的下腹部装饰着兽面纹、联珠纹和凸弦纹，圈足上还装饰着三组变形夔纹。这种造型的铜尊流行于商朝末年到西周初年，特征上看应是帝乙、帝辛时期的产物，即铸造于著名的殷纣王和他的父亲所统治时代。这件尊有别于其他同类文物的特点在于其内壁上铸造的三行 12 字铭文。

四羊方尊

铭文，也称金文或钟鼎文，泛指古代青铜器物之上或铸或刻的文字。它的出现可以追溯到商代中期，经历了从无到有、从少到多的发展与变化，这些记录在青铜器上的独特文字成为我们研究商周社会最为重要的文献来源。

铸造在这件青铜尊上的铭文内容是："辛丑，亚易彭吕，用作母丁彝。未。"大致的意思是：辛丑日这一天，来自未氏家族名字叫作彭的商代

彭尊全形拓

108

贵族受到另外一个大贵族亚的赏赐，所赏之物是吕，彭用受赏的物品铸造了这件叫作母丁彝的铜尊以示纪念。今天的研究者依据铭文内容将这件青铜尊命名为彭尊。

有别于商代中前期青铜器铭文的寥寥几字，只用来表达青铜器制作的目的或是使用者的名讳及职官，彭尊上的铭文类型是商代晚期才开始出现的加长型记事铭文。这类铭文往往都是以赏赐内容为核心，同时还记录了赏赐的原因和结果。带有类似铭文的商代青铜器有 51 件，其中有 27 件青铜器的铭文内容记载了商王赏赐臣子的过程；另外还有王室成员或王族，以及官员或高级贵族对下级的赏赐。

彭尊铭文拓片

彭尊铭文

极为特别的是，彭尊中记载的赏赐主体是"亚"。仅就"亚"字在同时期的甲骨文中所表达的含义来看，"亚"既可能是官职，也有可能是方国的国名或人名，也有可能是宗庙的地名，更有可能只是一个不具实义的符号而已。但从彭尊铭文的内容来看，"亚"最有可能是一个官职或是人名，当然无论是官职还是人名，很显然"亚"的地位要明显高于"彭"的地位。

商代的赏赐活动中常见商王或大贵族以贝币、玉、粮食、牲畜、祭肉、兵器、臣仆或奴隶等为奖励赏赐给下属。彭尊所记录的受赏之物却别具一格，是一种叫作"吕"的材料。同样地，甲骨文中也有关于"吕"的卜辞：

王其铸黄吕，奠血，更今日乙未利？

丁亥卜，大贞……其铸黄吕，……作凡（盘）利更……

关于"吕"的记载还见诸于西周早期的铜器之上：

乙亥，尹格于宫，赏执，赐吕二、聿二，执用作父丁尊彝。

古文字学家认为甲骨卜辞中所记录的"黄吕"应当是从矿石中熔炼制成的金属块。而金文中的"金"字普遍都带有像"吕"字书写为两个圆点的偏旁部首，所以"吕"很可能就是"金"字的本字。

"金"，在商周时期泛指青铜器，也称"吉金"。作为中国青铜文明最为鼎盛的历史时期，殷商时期的青铜铸造空前繁荣。90余年来，考古工作人员先后在殷墟30平方千米保护范围内发掘出了小屯宫殿区、苗圃北地、孝民屯、洹北商城北缘等铸铜遗址，更有甚者还在东北距小屯宫殿区10余千米的辛店发现了面积超100万平方米的超大型铸铜遗址。其间，偶有发现商代人铸造青铜器时留存下来的铜锭或铅锭。殷墟博物馆分别陈列了 2002 年自小屯南地 H23 出土的铜锭标本和 2015 年自同乐北区出土的铅锭窖藏。无论是铅锭还是铜锭，作为青铜铸造时必备的材料，这些标本的形状都与"吕"字字形的内涵高度相似。

商代的青铜制作可以分为铜矿的开采与冶炼、陶范的设计和制作、青铜器的浇铸与塑形等几个步骤。但是，碍于殷墟所在的安阳本地没有铜矿资源，所以铜的获得往往要依赖南方地区。多年来的考古发现使我们明确地认识到，商朝开发利用的铜矿资源最有可能来自长江下游流域，诸如湖北大冶、江西瑞昌和安徽铜陵地区，这些千里之外的铜矿早在商朝早中期就已开始大规模开采。当时的先民会在铜矿附近，就地建立熔炼的设施，将铜矿石冶炼成铜锭后再经水路或陆路辗转运送到当时的都城，以供工匠们铸造各种青铜器。

由此可见，"亚"赐予"彭"的"吕"当是铸造这件彭尊时所用的铜锭。作为"彭"，这些铜锭代表了个人和家族所受的莫大荣耀，他诚惶诚恐地请来当时的能工巧匠，将这份荣耀毕恭毕敬地铸成了不朽的吉金丰碑。

（刘　潇）

青铜短刀

刀光剑影中的文化交流

在多年拉锯式的战争状态下，不同文化也产生了激烈的碰撞，中原和北方必然相互吸收与引进对方的先进文化。

"刀枪剑戟，斧钺钩叉，镜棍槊棒，鞭锏锤抓，拐子流星"，在我国的十八般兵器中，刀是最早出现的兵器之一。早在史前时代，古人类之时，就有使用石头、兽骨等材料打造而成简陋样式的刀，原始人用它切、砍、划、刮，或割兽皮之用。黄帝时代，就出现了一种用玉石磨制的刀。刀身制作十分精致，并刻有花纹图案，专门用作仪仗饰物。夏代出现铜器后，很快就出现了铜刀，但形体很小，只有1寸至2寸（当时1寸约合现在的1厘米）左右。尽管它最多只能算作刀的雏形，但却是我国目前发现最早的青铜兵器，约有4000多年的历史。商代则出现了已初具现代刀外形的青铜刀，但此时的刀主要用来砍削器物，屠宰动物，或防身自卫，还未用于军队作战。

马首青铜短刀

商（前1600—前1046）
通长31.5厘米，重0.35千克
2000年河南安阳花园庄村M54出土

　　殷墟博物馆大邑商展厅展示了一组青铜短刀，这三把短刀由刀身和刀柄两部分构成，刀身厚脊薄刃，和刀柄一体铸成。这组青铜短刀出土自殷墟花园庄东地 M54，属于比较大的中型墓。根据随葬品和地层关系判定，M54 的年代与小屯 M5（妇好墓）大体同时，属于殷墟二期偏晚期阶段。随葬的青铜器、乐器、兵器上多铭有"亚长"，可知墓主人是商贵族中的上层，且是武官。

　　目前发现的商代青铜短刀可以分为中原风格和草原风格两种类型。当时在中国北方草原地区活动的势力有土方、鬼方等游牧民族，在带动北方游牧文化与中原农耕文化的碰撞交融中，推进着民族的融合和社会的整合，

鹿首青铜短刀

商（前1600—前1046）

通长27.5厘米，重0.17千克

2000年河南安阳花园庄村M54出土

环首青铜短刀

商（前1600—前1046）

通长28.3厘米，重0.17千克

2000年河南安阳花园庄村M54出土

创造了独具特色的草原文化。从现存的青铜刀看，当时草原民族的冶炼技术水平不亚于中原民族。典型草原风格短刀的刀身带有一定程度的弧度，刀背弯曲起棱，刀刃内凹，柄身衔接处一侧有突起的齿，柄尾带有柄首，柄首有兽头形，也有铃形和环形。部分草原风格短刀的刀柄上铸有花纹，花纹有羽状、星点状、锯齿状、方格状等不同样式。殷墟博物馆展示的这组青铜短刀具有典型的北方草原青铜文化特征。

这种北方草原风格的青铜短刀多出土于杀祭坑、陪葬坑、车马坑及类似M54这种商人贵族武士墓。在祭祀坑、陪葬坑或车马坑中随葬北方式兵器或工具者，可能是战争时被俘的北方族群成员，所随葬的北方式兵器与工具也很可能是他们生前所使用的；从多数商人武士墓中出土的北方草原风格兵器可推断，这些可能是在战争中所俘获的战利品，后归该墓主人所有。

北方外来文化因素集中在殷墟早期，应该是与此时商王朝大规模征伐密切相关，商人和北方族群的联系方式主要是战争。在武丁时期的甲骨卜辞中，有一类大版牛胛骨上的卜辞记载了北方族群对当时商王国西北、北部边域的侵扰。这类卜辞字形周正、刚劲，多有涂朱，常有王亲自占卜，且卜辞构成多较为完整，时间主要属武丁中期。卜辞中对于从四方来侵扰商王国的异族，多称为"某方"，甲骨文研究者一般称其为"方国"。卜辞记载当时商王国西部、西北部边域因受到北方群族（方国）的侵扰而告

小屯 20 号车马坑出土的马首刀、牛首刀、羊首刀

急，商人与活动于太行山东西两侧及冀北山地的北方族群有过频繁的战事。从整个殷墟卜辞情况看，也是武丁时期对北方各族群的战争最为频繁。学者们推测北方族群之所以在武丁时期大规模的东进、南下，干扰商人，是由于当时中国北方地区气候逐渐恶化，为争取生存空间，半农半牧或游牧的北方族群向东、向南迁徙，这就导致当时的战争相当激烈。

在多年拉锯式战争状态下，不同文化也产生激烈的碰撞，中原和北方必然相互吸收与引进对方的先进文化。比如殷墟还出土了许多混合型文化遗物，主要是指从形制、纹饰等方面分析，这些器物带有外来文化因素的特征，但在传入殷墟以后，被融入了殷墟文化的典型特征，其制作也极有可能是在殷墟都邑内完成的。殷墟出土的马首刀、牛首刀、羊首刀可能就是学习北方兽首刀的形制铸造的。商人与北方族群在青铜文化上的交流，同时也使北方族群吸收了不少商文化的因素，如青铜容器被北方族群上层所喜爱，以致出现多种由北方族群仿造的商式容器，而商式兵器、工具等也广泛地被北方族群所利用和改造，进一步扩大了商文化对北方亚欧草原区域的影响。

文化因交流而多彩，文明因互鉴而丰富。正是不同文明的交流互鉴才推动人类文明的进步和发展。

（纪倩男）

陶制人头像
商代美男子

作为一件艺术品，它的形象无疑是商族人对自身形象的描绘：额头宽平、浓眉深目、面颊突出、鼻宽凸起、嘴唇饱满。它所反映的体貌特征，应当代表了真正的商族人。

"你好！我是商朝人子商，你看我，发丝齐整，五官端正，模样还不错吧……"这段自我介绍源自殷墟博物馆中陈列的一件陶制人头。商朝人究竟长什么样子？属于哪类人种？又具备哪些面貌特征呢？这件人像作品或许会告诉我们答案。

2003 年至 2004 年期间，中国社会科学院考古研究所在孝民屯村进行了大规模发掘，发掘出大量晚商遗存，包括房基、铸铜遗址以及近千座墓葬。这枚核桃般大小的陶制人头是在孝民屯 M9 墓葬出土的，墓主为青少年，同时出土的还有小陶簋、陶弹丸、铜泡、耳螺、贝币等随葬品。这枚人头像作为一件艺术品，它的形象无疑是商族人对自身形象的描绘：额头

陶制人头像

商代（前1600—前1046）
长3.6厘米、宽2.4厘米
殷墟孝民屯M9墓葬出土

宽平、浓眉深目、面颊突出、鼻宽凸起、嘴唇饱满。从墓主身份可以得知，它所反映的体貌特征，应当代表了真正的商族人。

另外，在殷墟遗址还曾出土过数十件有当时人像的石质或玉质圆雕以及陶塑作品，很多铜器上有时也可见到半浮雕的人面或头像。例如殷墟王陵区 M1004 号大墓中出土的青铜面具也具有宽扁的面部特征，妇好墓中部分跪坐玉人的面部形态明显具有低颅阔面等北亚蒙古人种的形态特征。这些人像都具备许多蒙古人种的典型特征：斜缓的前额、扁平的面部、高高的颧骨、低宽的鼻梁。

当然，仅从这些人像作品显然无法断定商族人属于哪一人种，所幸殷墟出土的大量人骨可以为我们提供更多的线索。殷墟范围内出土的人骨大多集中在王陵附近的祭祀坑中和中小型墓葬内。著名考古学家李济先生曾对商代人头骨进行过大量的统计分析，他指出祭祀坑中的死者基本上具有现代华北人的同类特征，但由于一些统计数值的差异，也可能包含有异种系的成分。一名美国学者也认为殷墟祭祀坑人骨其中可能包括现代华北人、蒙古和欧洲人三种类型。还有学者测量后认为，殷墟祭祀坑中的人骨可划分为 5 个种族类型，即古典类蒙古种、海洋类黑种、高加索种、爱斯基摩种和暂时无法认定的"小头小脸"类型。这些研究都倾向于认为殷墟祭祀坑中埋葬有异种系的民族。

随着对殷墟人骨进一步的分析研究，一些学者则主张同种系说。一位美国人类学家在测量和分析了 40 余具祭祀坑中出土的人头骨数据后认为

殷墟王陵出土青铜面具

这些头骨与中国的新石器时代和现代华北人头骨属于同种类型，因此主张殷墟遗址的中国人应属于蒙古人种。美国的一位牙齿人类学家根据牙齿形态特征建立的系统类型与种族的演化关系，认为殷墟祭祀坑人骨的牙齿系统更近于现代华北人的。另一些中国学者分别根据殷墟祭祀坑头骨的颅顶间骨出现情况、头骨脑容量大小测定及铲形门齿出现频率的调查，也倾向于同种系说。即认为殷墟祭祀坑头骨可能包含着同属蒙古种支系下的东亚、北亚和南亚类成分，而以东亚类的成分占多数。

学术界对祭祀坑人骨资料的来源有不同的认识，有人认为是来自战争俘虏，是外族人；有人认为是奴隶，是下层人；也有人认为是平民，是本族的人。人骨研究表明，他们的体质特征也很复杂。研究商人种族的最好材料莫过于殷墟王陵大墓主人的遗骸，但并没有这样的人骨标本。不过，殷墟发现的大量中小型墓葬中的人骨对判定商人种族属性及其来源同样是有意义的。

根据对中小墓人骨测量特征的统计学分析，其形态变异大体上没有明显超出同种系水平。如果与现代亚洲不同地域蒙古种类型比较，中小墓头骨的一般特点与东亚的种族类群更接近。中小墓也有一部分头骨具有某些与蒙古人种北亚类群相近似的混合特征，如很宽的面，较低的脑颅等。有学者观察到这批人骨往往都伴出较多的青铜器、玉器等随葬品，因此推测他们可能代表商代王族的种族形态。不过，这仅仅是推测而已。事实上，殷墟发掘的墓葬基本上出自家族墓地。只要是同一墓地中的墓葬，其随葬品的多寡与人种无关，而由墓主人的地位或其控制的财富所决定。同一墓地中随葬品少的平民墓与高级贵族墓其实同为商族成员。

殷墟多年发掘所积累的大量遗迹和遗物，同样可以比较客观地反映出商族独立的文化根脉。尽管从一些出土文物中可以看到商文化与周边邻近地区的交流，但其主体是一种具有浓厚中原史前文化根基的独立发展的文化，例如甲骨文就是一个典型的独立的文字系统。有学者认为，在历史不断发展和人群的迁徙过程中，不同体质形态的人群经过了大规模的基因融合。殷墟作为都城为来自不同地域、不同种族的人群提供了一个开放的平台，为各人群基因的交流、体质的融合创造了机缘，这在一定程度上印证了殷墟商代晚期居民人群构成多元的推测。殷墟出土的大量人像作品也最直观地反映出了商族人的体质特征。

一枚小小的陶制人头，为研究商族人的外貌特征和人种问题提供了珍贵的线索。如今，这位商代的"美男子"依旧默默地陈列在殷墟博物馆内，向我们述说着他与殷墟的前世今生。

（魏庆超）

戍嗣子鼎

商末青铜铭文的典范

戍嗣子鼎铸造精良，纹饰精美，更难能可贵的是其本身和丰富的铭文内容对研究商代历史、青铜器，以及古文字都有着重要的价值，是不可多得的商代晚期青铜精品。

戍嗣子鼎，1959年出土于河南安阳后冈遗址圆形殉葬坑。鼎身呈圆形，折沿方唇，双耳直立，鼎身下有三足。口部的其中一面破裂，两耳微微外侈，敛颈，腹下部微鼓，圆底，马蹄形半空足。口下方有六条扉棱，足上端外侧也有一条扉棱。口下饰有六组兽面纹，兽面咧口露牙，由对称的龙纹构成，以云雷纹为地。足上端均饰兽面纹和四周弦纹。腹外壁有三条铸缝，底部的铸缝呈三角形。

戍嗣子鼎也是目前殷墟所发现的青铜器中铭文字数最多的一件。其鼎内共有铭文30个字，并分为3行竖向排列。铭文字体大小虽不够整齐，但笔道镌刻清晰，雄伟有力。其铭文内容为：

戌嗣子鼎

商（前1600—前1046）
高48厘米，口径39.5厘米
1959年河南安阳后冈出土

丙午，王商（赏）戍嗣（嗣）贝廿朋，在阑。㒭用作父癸宝鼎。唯王鼎阑大室，在九月。犬鱼。

通过学者们对戍嗣子鼎进行的考释和研究，整篇铭文的含义基本明确，大意是：九月丙午这天，商王在宗庙明堂大室，赏赐给戍嗣子贝二十朋，戍嗣子因受荣宠，做了这件祭祀父亲的宝鼎。铭末"犬鱼"应为戍嗣子所属家族的族徽。

商代甲骨文及商周金文中，常见赏赐给某人"贝若干朋"，受赐者因受到此赏赐而制造一件铜器作为纪念。贝是商代的流通货币，而"朋"则是贝的计数单位，多数学者认为一朋大约为十枚。在商代的甲骨文、青铜器铭文和墓葬的随葬品中，可以见到大量商人使用贝币的事实。在殷墟出土的贝币数以万计，不仅有天然贝，还有铜贝、骨贝、蚌贝等，用贝随葬的现象也极为普遍。贝作为有价值的物品而成为赏赐品，在商人中流通，受到赏赐的人们，用贝去制作青铜器或者购买其他所需物品，这就是贝所具有的流通手段，同时也体现出商人对贝币价值的认可。

戍嗣子鼎对于研究后岗圆形葬坑的形制也有着重要的意义。后岗圆形葬坑在1959年至1977年间经历了三次发掘，它为圆口直筒形，口径2.2米，底径2.3米，深2.8米。坑壁经拍打平整光滑，坑底夯实，坑口盖一层夹杂碎陶片的红烧土块，坑底垫一层夹杂碎陶片的黄土。坑内埋葬人骨及其随葬品共有上、中、下三层，除大量的人骨外，还出土有铜器、陶器、骨器以及海贝等器物，其中戍嗣子鼎即出土于坑中央的一个侧身屈肢者的头前。

戍嗣子鼎铭文

商代贝币

　　有学者推测坑中的侧身屈肢者可能为戍嗣子鼎的主人，即鼎铭文中的
"戍嗣子"，甚至推测此人或因罪而死，所以葬式非常的简略，埋在坑里
的是一队戍卒和率领他们的首领。但也有学者认为后岗葬坑是一座圆形祭
祀坑，是商代贵族死亡并葬入墓底之后，其后人到墓地举行祭祀活动留下
的遗存。殷墟发现的商代晚期墓葬大多是长方形竖穴墓室，少数带有墓道。
随葬像戍嗣子鼎这样大型青铜器的墓葬至少为中型贵族墓。而在殷墟，即
便是低等级墓葬也是长方形竖穴墓，有棺甚至棺椁俱备，死者的尸骨安置
整齐，多采用仰身或俯身直肢葬，这些殷墟传统葬俗都与后岗葬坑大相径

庭。综合考虑后岗圆形葬坑的特殊形状、特殊葬法，该坑可能既不是正常墓葬，也不是通常的祭祀坑，而应是特殊埋葬，且死者有较高的身份地位。

关于后岗葬坑的年代，学术界主要有殷代晚期和西周早期两种意见。有学者认为，后冈葬坑出土"戍嗣子鼎"与西周的"大盂鼎"形制相近，且铭文中有的字不见于殷代金文，而其"王"字显系西周写法，"戍嗣子鼎"铭文中的"王"，"应该是封于殷墟以续殷祀的武庚"。后冈葬坑出土带胡二穿铜戈约属西周中期甚至更晚时候，因此判定后冈葬坑为西周遗存。也有学者认为，坑内所出土的陶器与安阳梅园庄、苗圃北地殷墟第四期墓葬所处同类陶器的形制相同，因此断定此坑的年代应属殷墟第四期，相当于乙、辛时代，并指出，"戍嗣子鼎"铭文中的"王"是指商王帝辛。根据一般的断代原则，该坑的年代不会早于葬坑中所出土的铜器、陶器所代表的年代，因此后岗葬坑的年代应为殷末或殷周之际。

戍嗣子鼎铸造精良，纹饰精美，更难能可贵的是其本身和丰富的铭文内容对研究商代历史、青铜器，以及古文字都有着重要的价值，是不可多得的商代晚期青铜精品。

（魏庆超）

司母辛鼎

巾帼之威

传说大禹收九牧之金，铸九鼎，铸鼎于荆山下，各象九州物，是一匡诸侯、统治中原的夏王朝立国的标志。而夏后氏失之，殷人受之，殷人失之，周人受之，则是表明每一次王朝的代兴，九鼎便随之易手。

1976年5月16日，中国社会科学院考古研究所安阳工作站的同志们，在殷墟小屯西北地发现了一座夯土建筑基址。

这座基址位于洹河南侧的宫殿遗址区内，殷墟的陵墓通常是在洹河北侧的王陵遗址区，而这座墓葬因保护隐蔽很难发现，所以是目前已发掘的商代墓葬中唯一一座保存完整的王室成员墓葬，也是仅有的一座能与甲骨文记载相对应，从而确定墓主人身份、年代的墓葬。当时有专家下"定论"，说这里只是普通的土地，上面的夯土基址不过是残

1976年妇好墓发掘现场

妇好墓内景

留建筑物的痕迹而已，只有考古学家郑振香先生坚信这夯土之下必有文章。于是，在郑振香、陈志达、张之恒等人的带领下，一座沉睡了3000多年的殷商大墓——妇好墓，终于重现人间。

"妇好"之名见于武丁时期的甲骨文。据研究，妇好为商王武丁配偶，庙号称"辛"。妇好墓南北长 5.6 米，东西宽 4 米，深 7.5 米，无墓道。出土了近两千件精美的随葬品，其中青铜器 468 件、玉器 755 件、骨器 564 件，另外还出土海贝 6800 余枚、殉人 16 具、殉狗 6 只。随葬品不仅数量巨大、种类丰富，而且造型新颖、工艺精湛，充分反映了商代高度

"妇好"铭文拓片

发达的手工业制造水平，同时也反映了妇好在当时极高的社会地位，对研究殷商时期的社会经济、文化、艺术、丧葬制度等都有相当重要的意义。

妇好不仅是中国历史上有据可查的第一位女性军事统帅，同时也是一位杰出的女政治家。甲骨卜辞曾多次记载关于妇好领兵出征的事情，"辛巳卜，登妇好三千，登旅万，呼伐羌。"妇好统领 13000 名士兵讨伐羌族，大获全胜凯旋，此一战也是甲骨文中记载出兵最多的一次战争。妇好作为最高统帅，领兵东征西讨，东南伐夷，西败巴军，平鬼方、定土方，打败了二十多个方国，为武丁在位期间平定战乱、拓疆辟土立下汗马功劳。更因学识广博而掌握了商王朝的祭祀占卜之典，多次主持各种类型的祭祀活动，并以神权的名义介入商王朝的政治领域。妇好之独立应为现代女性之先驱，虽为王后却从不依附于自己的夫君，成为万民敬仰、武丁喜爱的魅力女性。

透过甲骨文的讯息，我们仿佛可见当时星辰夜空、烽火高台、妇好大鼎，以及武丁对妇好的无限爱慕与信任。武丁伐楚时陷入苦战，妇好不顾身怀六甲，率兵救援，最后虽然赢得胜利，妇好却因难产病殁，英年早逝（三十岁左右）。她去世后武丁悲痛不已，追谥曰"辛"，商朝的后人们尊称她为"母辛""后母辛"。

正是因为妇好拥有王妃、将军、母亲的多重身份，注定了这样一位女性无论是在远古的商朝还是如今的现世，都将会是历史长河中最闪耀的一抹光华。当从妇好墓中出土了大量的随葬品时，考古专家和工人们都很吃

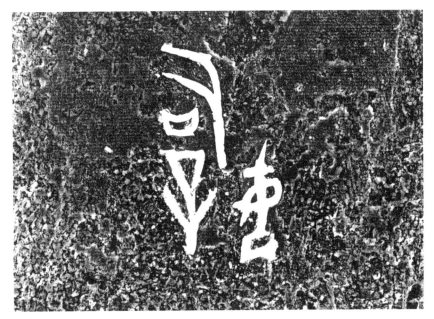

惊，也很兴奋。其中有一对青铜大方鼎特别引人注目，两鼎因内壁有"司母辛"三字铭文，所以大家称它为司母辛鼎。"司"字被多数学者释为祭祀之意，"辛"即妇好的庙号，或称为"妣辛""母辛"，是子辈对其母辈的称谓。

鼎早期作为炊具出现，是农耕文明的代表性器物，与中原农耕文明的悠久历史相一致，最早出现于中原地区。随着人口的流动和文化的传播而扩散至全国各地，各区域不同形制的鼎代表了各族不同的文化面貌，体现了多元一体的中华文明发展特征。随着青铜礼乐文明的发展，鼎被赋予了神圣的地位，是王权和神权的象征，繁缛的纹饰和庞大的体型成为鼎的代名词。青铜容器在古代常常被用作礼器，在祭器中占据了很大份额，是贵族宗室内部族长和作为天下共主的天子主持祭祀必备的礼器。商周社会以严格反映等级制度的规章仪式，即所谓礼来维护政治、经济权力，而祭祀

司母辛鼎

商（前1600—前1046）
通高80.1厘米，口长64厘米，宽48厘米，重128千克
1976年河南安阳殷墟妇好墓出土

则是沟通人、神，使人间秩序神圣化的中心环节。此外，青铜器的制作和赠予也与商、周时代贵族间婚媾、宴享、朝拜、会盟和铭功颂德等礼制活动紧密相关。

作为古代礼治社会政治、经济权力的象征，王、侯所制造的鼎、簋也被视为国家权力合法性的来源。传说大禹收九牧之金，铸九鼎，铸鼎于荆山下，各象九州物，是一匡诸侯、统治中原的夏王朝立国的标志。而夏后氏失之，殷人受之；殷人失之，周人受之，则是表明每一次王朝的代兴，九鼎便随之易手。春秋时，楚庄公向周定王的使者问鼎之大小、轻重，使得问鼎一词成为觊觎国家权力或泛指试图取得权威支配性的经典说法。置立于王室或宗庙内青铜礼器的转移，实质上是权力与财富的再分配所带来的政权转移，九鼎作为中央政权的象征，谁占有了九鼎，谁就握有全国最高的政治权力。同时，各级贵族在使用礼器的种类、数量上都有严格的规定，种类和数量的多寡直接代表了贵族等级的高低。所谓钟鸣鼎食，即是表示了家族人丁兴旺、仆役众多的庞大场面，成为贵族显示自己身份之高贵的标志。正如著名学者张光直先生所言：青铜便是政治和权力。

古代文明体制的核心，即所谓的礼、乐、征伐等，"国之大事，在祀与戎"，无不与青铜文化有着千丝万缕的联系。司母辛鼎造型精美，花纹繁缛，体量巨大，它是文明的见证，也是文化的载体，反映了武丁一代在文化艺术上的杰出成就，是不可多得的国之瑰宝！

（郑佳佳）

人头祭祀

文明中的野蛮

祭祀活动是人类最原始的活动之一，从旧石器时代到新石器时代晚期在全世界的人类遗址中都能发现祭祀的痕迹和记录，原始宗教崇拜的思想基础就是相信万物有灵，灵魂不死。

《春秋左传·成公十三年》云："国之大事，在祀与戎。"夏商周时期，祭祀是当时国家政治生活的头等大事，堪与战争齐平。《礼记·表记》中载："夏道遵命，事鬼敬神而远之，近人而忠焉。先禄而后威，先赏而后罚，亲而不尊。……殷人尊神，率民以事神，先鬼而后礼，先罚而后赏，尊而不亲。……周人尊礼尚施，事鬼敬神而远之，近人而忠焉。其赏罚用爵列，亲而不尊。"祭祀活动是人类最原始的活动之一，从旧石器时代到新石器时代晚期在全世界的人类遗址中都能发现祭祀的痕迹和记录，原始宗教崇拜的思想基础就是相信万物有灵，灵魂不死。

祭祀对象包括天地、山川、日月、风雨、祖先、神鬼，而祭祀祖先便是祭祀活动的重要内容。但除了我们熟知的使用猪、牛、羊等动物进行祭祀外，其实还有一个更加令人恐怖但又很普遍的祭祀方式：人祭。用作人祭的人是供献祖先的祭品，以人为牲祭祀的目的是祈求鬼神保护他们现实生活中的利益。考古发掘证明，我国最早的人牲是出现在仰韶文化时期，在西安半坡仰韶文化遗址的第1号长方形房子的居住面下，发现一个被砍下的人头骨，与人头同埋的还有一件粗陶罐，这件陶罐可能是房屋奠基时举行某种祭祀而遗留下来的，那么同埋的这颗人头就是奠基的人祭。这种习俗的渊源可上溯仰韶文化、龙山文化，商代以后在中原汉族社会中便逐渐消失。

在商代，贵族阶级按照宗法制度组成大大小小的宗族。商人各宗族均有自己的宗庙，通过举行祭祀活动，强化本宗族族长的地位，维系宗族内部的团结。而商王就是天下的大宗，商王室通过举行隆重的祭祀活动来团结各宗族组织，强化自己的大宗地位，所以祭祀在古代被视为国家的头等大事。目前，在数量众多的祭祀卜辞中屡见"伐"祭，即用砍头人牲致祭祖先。斩首祭祀是商代社会盛行的一种风俗习惯，主要用于宗庙、葬礼及各种奠基仪式，祭祀对象包括自然神灵和远祖近亲，斩首对象以战俘和奴隶为主，商周青铜器上出现的斩首图案以及图形文字就是对斩首祭祀仪式的描述。殷墟西北岗发现的相关的祭祀坑分为头躯分离坑、无头躯体坑及人头坑等三类，人头坑每坑埋 3 ~ 39 个人头不等，大部分坑中埋 10 个人头，头的面部大多向北。除了祭祀坑，殷墟发现的一些墓葬中也有用人头骨或无头人骨陪葬的现象，如59WGM1内陪葬2个殉人和4个人头，59WGM1西侧约15米的84M259二层台上发现14个人头等。并且在小屯宫庙建筑区乙组基址内也发现一批被称为“馘墓”的砍首而埋的遗迹。其中北组的“馘墓”多数每坑3～5个殉人或更多，头颅数量往往少于躯体，从骨架叠压情况分析，系先扔躯体，再扔头颅，少数埋全躯的墓葬中还发现有作跪状的人骨；中组的大多数“馘墓”内埋有与躯体数量相等的人头，人头多压于躯体之上。由于这些“馘墓”位于宫殿建筑区域内，因此应该是商王室以斩首仪式献祭祖先鬼神后遗留的。

但有一种特殊的人祭现象目前只在殷墟发现，在殷墟博物馆内陈列有两件特殊的文物——青铜甗，甗盛行于商周时期，是蒸煮食物的炊器，但令人惊奇的是殷墟发现的这两件青铜甗中盛放的不是食物，而是人的头颅（一甗一颗），这就是商代的斩首祭祀礼仪留存。其中一件青铜甗出土于武官村北M259，内有一挤压变形人头；另一件青铜甗出土于刘家庄北M1046，器口内壁有铭文“亚𠂤”，器内装一人头，可见牙齿。

考古学家发现这两件青铜甗中的人头骨有别于一般墓葬出土人头骨呈金色或黑色，它们的颜色呈白色或灰白色，更重要的现象是，用手轻掰正常墓葬出土人头骨，一般有脆硬感，断口呈锯齿状，但掰开铜甗中的人头骨发现，无脆硬感，且断口齐平，由此可以判定这两颗头骨已经经过蒸煮。之后专家对人头骨进行了锶同位素水平测量，分析结果表明，这位不幸被蒸煮的人，不是商朝本地人，同时从牙齿的形态及磨损程度来看，推断这

青铜甗

商（前1600—前1046）

通高35.6厘米，口径22.4厘米

殷墟刘家庄北M1046出土

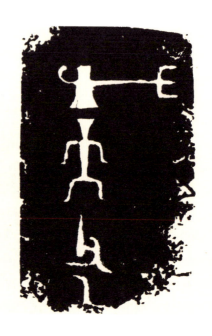

葉父乙盉

颗头颅的主人应当是商代的外邦贵族。而商人与敌人作战时，经常会捕获敌方首领用来祭祀。据专家学者统计，目前约有十五片商代人头骨刻辞，其中两片（《甲骨文合集》38758、《甲骨文合集》38759）分别刻的是："夷方伯……祖乙伐。"和"方伯用。"可见这些被刻辞的人头骨，生前曾是与商为敌的敌方首领，后被商人擒获砍下头颅，并在头颅上刻字用于祭祀。

这种人祭现象在其他地区也有出现，在亚洲南部、美洲及非洲广大地区，直到近代还存在不少实行人头崇拜的原始部落，他们深信，头部是灵魂居住的主要位置，具有最大的巫术力量。高智群先生在《献馘礼研究》一文中探讨了献馘礼仪的起源，并且引用了很多古今中外原始民族猎头风

商代青铜器上可见的斩首图案以及图形文字，形象地描述了用斧或钺砍掉人头的场景

俗的资料。书中提到：一些原始民族还将战场上砍下的敌人首级带回本部族，举行庄重的献首仪式。如斯基泰战士在喝过战斗中杀死的第一个人的鲜血后，带上他砍下的所有敌人首级献给国王。不少民族还以敌首祭神，甚至为了猎首专门发动战争。

在人类文明发展的过程中，原始信仰和早期宗教是一种重要的文明现象，是人类对于自然的探索，也是人类对于自然的一种敬畏，人祭人殉现象在特定的历史环境中比比皆是，可以说这成为人类文明早期阶段的共同记忆。

（罗　斌）

花东H3甲骨坑

「子」之语

国之大事，在祀与戎，商周时代的祭祀是国家的重大活动，这实际上说明了当时国家的构成及维持统治的方式与鬼神崇拜有着密切的关系。

1991年10月，中国社会科学院考古研究所安阳工作队在殷墟花园庄东地一百多米处钻探时发现了一个堆满甲骨的灰坑，编号为91花东H3，被学界称为殷墟花园庄东地甲骨坑。此坑中出土200多片陶片，1583片甲骨，其中完整卜甲755片，刻有文字的卜甲近300片。卜甲之完整，数量之庞大，使这一发现轰动了整个甲骨学和殷商史学界。

考古工作者将整坑甲骨连土取出后搬运回工作站进行室内清理。经过对甲骨地清理、揭露、编号、拼合、墨拓、摹写、照相、做释文索引等一系列细致地整理，发现这批甲骨属商朝第23位国王武丁时代。此时的殷朝很兴盛，大多数龟甲是方国或诸侯国作为礼品进贡来的。这坑甲骨大多

花东 H3 甲骨坑出土情况

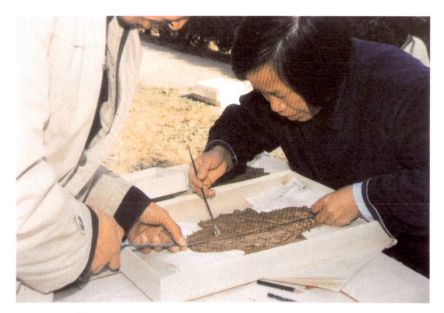

花东H3甲骨坑发掘者刘一曼先生工作场景

为花龟种和乌龟种，由于此坑的位置处于殷墟宫殿区壕沟内侧，学者们认为花东H3坑是当时人们有意识为埋藏甲骨专门挖掘的。

殷墟花园庄东地甲骨是继1936年YH127坑以及1973年小屯南地甲骨发掘以来第三次重大发现。与前两坑甲骨有所不同的是，这批卜辞属于非王卜辞，其字体文例风格独特，卜辞内容新颖丰富，涉及祭祀、田猎、疾病、教育、征伐、农业等社会生活方面。对甲骨文辞例研究、文字考释、商代家族形态、殷商礼制等各个方面都有很高的研究价值。那么既然是非王卜辞，那占卜的主体又是何人呢？

经专家考证，花东甲骨中的占卜的主体为"子"，但是关于"子"究竟是谁却是学者们仍在讨论的话题。从"子"主持祭祀、作占辞，与另一重要人物"武丁"以及妇好关系密切等信息可知，"子"的地位仅次于武丁，并远高于其他非王卜辞中的占卜主体。著名历史学家李学勤先生最先将"子"推定为朝中大臣，学者沈建华则具体地将"子"推定为是"隶属王室大宗分立下的一个宗主，并在王朝中担负马政职务的大臣"；也有学者认为"子"为商朝第十五任君主沃甲之后的宗子，且为朝中重臣；杨升南先生则认为"子"为武丁之子；当然，还有部分学者认为尚无法知道其确切的身份。

在"子"管辖的占卜机构内，卜事虽没有王的占卜机构繁杂，但每天占卜的事情也不少。同一天占卜同一件事常使用两版或三四版甚至五版卜甲。占卜之后卜者将这些卜日、卜辞内容相同或相近的卜甲放在一起。花东H3甲骨以"成套甲骨"的次序依然保持原状，可知甲骨用过之后，需妥善地加以保管。由此可见，花东H3甲骨坑与YH127甲骨坑以及小屯南地甲骨一样，有若干专门管理的人员和一个特制的场所来加以典藏保存，这就犹如我们现在的档案馆和图书馆一般。

在花东H3甲骨卜辞中"丁"字频繁出现，专家认为"丁"在卜辞中有两种含义：一指天干之"丁"；二指人名之"丁"，人名之"丁"包括故去的"丁"和活着的"丁"两个人。经考证，故去的"丁"应为武丁的祖父。而活着的"丁"是一位非常重要的人物，他与"妇好"和"子"之间的关系非常密切，在朝中有着举足轻重的作用。例如卜辞："辛未卜：丁隹（唯）子令比白（伯）或伐邵。"这是"子"接受"丁"的命令亲帅

花东 H3 甲骨坑出土龟腹甲

大军征伐邵方；再如："丁令（命）子曰生（往）帚（妇）好于受（受）麦。子（速）御。"这讲述了"子"受"丁"之命同妇好前往受地种麦子的故事。由此可见，"丁"可以命令"妇好"和"子"，"妇好"有事必报告"丁"，"丁"自称"余"，"子"有事要告之于"丁"等。系列的线索表明"丁"的地位非常接近于"王"，因此 H3 卜辞中活着的"丁"非武丁莫属。

"国之大事，在祀与戎"，商周时代的祭祀是国家的重大活动，这实际上说明了当时国家的构成及维持统治的方式与鬼神崇拜有着密切的关系。与其他商代的卜辞一样，花东卜辞也是以祭祀为主的，其中以祭祖祭神方面篇幅较多，例如卜辞："己巳卜，子燕上甲，叉用？"这里的上甲指的是第一个以天干为庙号的殷人先祖，有着非常崇高的地位，作为非王卜辞，"子"可以祭祀高祖上甲，可见其在殷商贵族中的地位非同一般。

另有卜辞："癸亥卜，于南宁风，豕一？""癸亥卜，于北宁风，豕一？"这是问用一头猪祭祀南、北方之神以息风是否可行，这些神灵自然可视为商朝的作祟者。

在祭祀卜辞中祭品也是多种多样，有人牲、牺牲、酒等，包括马的卜辞也曾出现，例如："丙寅卜：其□隹宁见马于癸子，一伐、一牛、一鬯，梦？用。"癸子，即子癸，他也是花东卜辞中一个特别重要的人物，关于他的卜辞较多，有31例。这条卜辞大意为：子做了梦（殷人以为梦是不祥之兆），为此对子癸进行祭祀，是否用宁献的马作为祭牲，再杀一人、一牛，用一卣鬯酒好呢？这里的祭品就用到了人牲、牺牲和酒。另外，祭祀品还用到了玉器、纺织品和粮食等，充分反映出殷商时期人们的生活环境。

甲骨文作为已知的中国最早的文字，是人类共同的文化瑰宝。殷墟甲骨文自1899年惊现于世至今，出土甲骨已有近16万片。在花东H3之前出土的甲骨卜辞中，非王卜辞数量较少，而花东甲骨的出土丰富了非王卜辞的研究史料，学界对这批材料所属时代、占卜主体、主要人物以及占卜内容都进行了深入的研究，让我们对殷商时期的贵族生活面貌也有了更加详尽的了解。遥想3300年前的洹水之畔，人们正在一笔一画地契刻着属于他们的故事。

（吴 丹）

3300 年前的殷墟乐器

敲金戛玉

随着时代的变迁，越来越多的音乐充实着我们的生活，每当我们耳边响起优美动听的音乐，就会陶醉其中，仿佛体会到古人那种"余音绕梁，三日不绝"的境界。

翻开《吕氏春秋》，其中记载着这样一句话："音乐之所由来者，远矣！"至于远到什么时候，到如今也没有准确的记载。但不断发现的音乐文物一次又一次地证明了它的"由来"之远。

殷墟博物馆收藏的陶埙可以说是远古之音的承载者。1976 年在安阳市武官村北的祭祀坑里出土了多个陶埙，平底卵形，多为五孔埙。陶埙，是我国一种十分古老的吹奏乐器。《拾遗记》："庖牺灼土为埙。"《通

殷墟后岗 M12 出土陶埙

花东 M81 出土陶塑蛙

历》记载："帝喾造埙。"《世本》记载："埙，暴辛公所造。"类似的传说还有一些，虽说具体指出的创制陶埙的人物无法确定，但足以证明陶埙历史之悠久。埙是一种很有特点的乐器，早期多为石制、骨制，后有陶制而成，最早用于模拟禽鸟叫声，成为诱捕禽鸟的辅助工具。早期的埙外观有一孔或三孔，能吹出 2 ~ 4 个音。发展到商代，埙的造型已比较稳定，发音孔增多为 3 ~ 5 个，音质、音色大幅度提高，在殷墟王陵 M1001 人墓出土的兽面纹骨埙，可以演奏出八度以内的各个半音，吹出五个音阶已没有问题。埙的音色幽深、悲凄、哀婉、绵绵不绝，具有独特的音乐品质，曾在普通百姓中广为流传。直至现在，我国众多少数民族依然流行埙的演奏，由于语言和风俗原因，对埙的称呼也不一样。例如宁夏的牛头埙，当地人称之为泥哇呜；而云南文山县的埙则被叫作迪老诺；彝族的埙叫布拉力；而西藏地区的藏族同胞管他们的埙叫扎令。吹埙时，需用双手将埙捧至唇边，九指开闭，聚丹田浩然之气，或轻，或重，或急，或徐，仰俯皆可成声。自由超然，变幻莫测。这些民族对陶埙的喜爱，使得千年古韵重获新生。

石磬被誉为"会唱歌的石头"。在 20 世纪 50 年代初，从殷墟武官大墓中出土了一件虎纹大石磬，它是由一块白而青的大石头雕琢而成的，正面用刚劲而柔和的阳纹线条雕刻出一只虎形纹饰，虎睁大了眼睛，趴在地上，凶猛地张大了嘴巴，像要吞吃什么东西似的，展示给我们一幅威猛而优美的图画，经专家敲击以后，其音色悠扬清越，近于铜色。石磬分为单

殷墟出土虎纹大石磬

殷墟出土石磬

甲骨文"磬"字
手持槌击悬在绳上的磬

只使用的"特磬"和成组使用的"编磬"，石材的选择多为安徽宿州的灵璧石。

磬字早在甲骨文中已有记载，磬字是这样写的：左半部像是用绳悬挂着的石片，右半部则像一个人用手拿着槌做出击打的形状。磬的历史在《尚书》已有"击石拊石，百兽率舞"的记载，反映了上古时期，人们在劳作之余，抒发自己情感的一种方式，兴高采烈的人们敲击着石头，装扮成各种野兽的形象手舞足蹈着。这种原始而古老的舞蹈大概有着欢庆狩猎胜利的喜悦，或许也包含着远古人类驯服百兽的美好愿望吧。石头成了助兴的乐器，一种没有经过任何特殊加工的原始乐器，通过漫长的岁月和祖先们不断地实践创造，石头最终发展成能挂起来敲打的乐器——石磬。

甲骨文中的"鼓"字十分形象地体现出鼓的外貌特征，殷墟出土的木鼓鼓身采用木质材料，鼓面采用蛇、蟒等有鳞甲动物的皮制作。由于考古发现的商代木鼓因年代久远，大多已残毁。专家根据甲骨文的形象复原了商代的木鼓。在木鼓

甲骨文"鼓"字
手持鼓槌击鼓

殷墟王陵 M1217 墓道中木鼓出土情况

殷墟王陵 M1217 墓道中出土的木鼓

现藏日本的商代青铜鼓

表面上还残留着红色的痕迹，经检测，这是由朱砂制成的商代油漆，称之为髹漆木鼓。虽然商代木鼓已无法展示于世人面前，但在商代出现了用青铜仿制的木鼓，造型逼真，纹饰精美，工艺水平很高。日本京都泉屋博古馆现收藏一件商代双鸟饕餮纹铜鼓，该鼓纹饰精美，造型奇特，相传出土于安阳，日军占领安阳期间通过非法途径运往日本。铜鼓通高 82 厘米、鼓径 45 厘米，上有双鸟纽饰，下有四足，鼓身饰夔纹，鼓面铸成鳄鱼皮纹，

商代铜铙

鼓面是仿鳄皮。鼓身饰云雷纹，其外环简化成斜三角形。两端边缘饰乳丁纹三列，象征蒙鼓皮所用之钉。此鼓纹样密而不乱，简而生神，大有凝重浑厚之气。

商代青铜器的冶炼等技术发展到了较高水平，是青铜器时代的全盛时期。商人利用青铜来制造乐器，可以在音响、音色和音程上突破纯粹利用天然石木制作乐器的限制，因此商代的音乐遗存中出现了大量的铜材乐器。

郭家庄出土成组编铙

考古资料表明，"商铙"的基本形制似铃，但有圆柱形空甬与体腔相通，使用时铙口朝上，将空甬植于木架之上，这时的铜铙已是早期青铜钟类乐器发展成熟时期的产物，其不仅确立了合瓦形的结构，出现了系列性的成组编铙，同时也奠定了青铜乐钟"一钟二音"的基础，成为专用于音乐，有固定音高，能够演奏六声甚至完整七声音阶的具备旋律性表现的青铜类乐器。铜铙为商代晚期流行的王室重器，是宫廷中地位显赫的

礼仪乐器。铜铙多集中出土于殷墟，殷墟博物馆陈列的铜铙是以三个为一组，著名的妇好墓出土的五个一组的编铙即为年代最早、件数最多、断代最为可靠的一例。成语"鸣金收兵"中的"金"最早指的就是铜铙。

商代乐器已出现并成为商代祭祀活动中不可或缺的一环。商代祭祀往往要伴以歌舞，这是从原始时期以来形成的传统，古人所谓"礼没有乐伴便不能施行"，正是对这种传统的解释。商人通过音乐和神鬼对话，是认真而又虔诚地吹奏给神鬼听的。因为占卜的结果影响着国家的政务和国王的行动。据史料记载，商代最重要的祭祀乐舞是《桑林》，这个乐舞，据说由用鸟羽化装成玄鸟的舞师和化装成有娀氏简狄的女巫进行表演，其中还伴有埙、铙、磬等乐器。

商代乐器的发展像一条历史的长河，把我们带入一个漫长的时空隧道，这段时间是以千年还是万年计，现在还难以猜测。但出土的文物足以证明，中国作为礼乐之邦是毋庸置疑的。

（吴　丹）

商代玉人饰

琼石上的神灵

《诗经·商颂》中用"天命玄鸟，降而生商"寥寥八个字，为人们讲述了一段神话故事。

玉是一种珍贵的天然矿石，在中国古代，玉器并没有严格的定义和划分，东汉许慎《说文》称"石之美者"为玉，美丽的石头就是玉，赋予其社会内涵和人文内涵。早在近万年前的旧石器时代，中国古代先民就发现并开始使用玉石了。我们形容女子美丽的容颜用玉面、玉女、亭亭玉立等词，比喻美食美景则说锦衣玉食、琼楼玉宇。看来玉在人们心中是美好、高尚的代表。

玉人的形象早在新石器时代就已经出现了，到了商代中晚期，玉人大量出现，主要以殷墟出土的玉人为代表。商代玉人主要有五种，圆雕全身人、圆雕人首、片状全身人、片状人首和带有玉人装饰的其他玉件。圆雕全身

玉人仅见于殷墟，人的头顶部有两个相通的小孔，用于穿系绳，因而这种玉人能用作人身佩饰。片状玉人亦发现于殷墟，北京故宫博物院收藏一件传世片状玉人，是用柄形器改制而成，应属商晚期殷墟文化的作品。

殷墟博物馆里的这件玉人饰为圆雕玉人，玉质温润，呈半弧状，通高6.5厘米，是人与兽鸟形象的组合。玉人的面部为侧面，臣字形目，卷云纹大耳，鼓腮，嘴微张。他昂首挺胸，肩部至腰部由双阴线琢饰卷云纹，又似鸟的羽翼；玉人的腰部下方所连接的并非人类的腿足，而是鸟的爪子，上方还饰有栩栩如生的羽毛，鸟爪微微勾起，呈现出蓄势待飞的状态。《诗经·商颂》中用"天命玄鸟，降而生商"寥寥八个字，为人们讲述了一段神话故事。关于这个故事，《史记·殷本纪》记载道："三人行浴，见玄鸟坠其卵，简狄取吞之，因孕生契。"早在尧舜时期，黄河中游居住着一个被称作有娀氏的母系部落，按照当地习俗，每当春暖花开时节，人们都要到河边，洗去漫长冬天里的尘垢。一天，帝喾的次妃有娀

殷墟妇好墓出土圆雕玉人

殷墟妇好墓出土阴阳玉人

玄鸟生商图

氏部落的女儿简狄正在沐浴，她惊喜地发现，有一只春燕在不远的树丛中生了个又圆又白的蛋。她激动不已，立即跑过去把这个象征吉祥的喜蛋吞了下去。没想到过了一段时日，简狄竟然生下了一个可爱的男孩，族里人给他取名为"契"。契成人后，成为这个氏族的第一个男性首领。他既有威武的形象，又有刚毅的性格，他组织部落人民开辟草场，编制队伍，没过几年，部落就人丁兴旺，牛羊成群。后来，契辅助大禹治水有功，禹将商地赐予契。从此，契带领着有娀氏的人们在商地生息繁衍，日益发展强大，后来人们便把生活在商地的部族称为"商族"，把契供奉为商族始祖。这个传说很好地阐述了商人的由来，继而将鸟作为殷商图腾，并加以极高的崇拜。

这件玉人还有一个突出的特点是头上梳螺旋状角形发髻，看似一顶高冠，据专家推测，这种高高的螺旋角发髻应是商代巫师的装扮。在古代，巫师十分重视自己的帽子，北方诸民族的萨满多以兽皮制帽，上插鹿角或利器，且古代巫师的装扮最主要的特征是头上长角。自巫产生之时，尖角、高冠等形象就是巫师心中神灵的形象，具有人的特征，但通过夸张的装饰，又显得神秘而又威严。陈梦家先生曾经提出商王是"群巫之长"的结论，张光直先生认为萨满教是商人的主体价值观，而商王本身既为国家的政治首领，同时又兼任萨满之王，垄断与神界沟通的权力。

在中国古代文献中还有关于动物协助巫师或神人升天的记载。如殷墟西北岗 1001 号大墓出土的虎头人身大理石雕塑、殷墟五号墓出土的人形鸟尾玉石雕像以及青海民和县出土的马家窑文化人首蛙身彩陶器盖，均为巫术中萨满转型现象的表现。而这件商代玉人饰是人与兽鸟的组合，足以体现出这一特点。

在 2008 年出版的专著《異字的含义》中，"異"与"鬼"字一样都含有一个代表面具的"甶"部首。"異"表达了一个戴着面具的人举手向上的形象，其整体形象处于一个身体夸张变形的状态，与巫师的形象相吻合。甲骨文中的巫字 ⏣ 是由 工（工，巧具）+ ✗（又，抓、持）组成，表示祭祀时手持巧具，祈祷降神。商代的巫术已普及推广到社会生活的每个角落，故无事不卜不筮，无神不祭不祀。甲骨占卜正是源自这种原始占筮，巫师也就是商代贞人利用龟甲或兽骨进行卜问，将所卜之事记录在甲骨之上，作为文化载体的甲骨文便由此而诞生了。

这件殷商时期的玉人饰，浓缩了人们见到的和想象到的生命，汇聚到商代巫师形象之上，它成为沟通日月天地，对话祖先的语言，让我们感叹商代制玉工匠娴熟的工艺之余，更深刻地感受到殷商先民的远古呼唤。

（吴　丹）

大司空村习刻甲骨

百练成书

师徒授受的习刻制度虽然不知起于何时，但甲骨上这些结体疏朗、章法有度的字迹却可以称得上是中国书法的渊薮，见证了中国书法自甲骨文以来百练成书的坚守与传承。

儿时，老师教我们写字，要一遍遍地抄写才能记住字形、理解字义，字体也从歪歪扭扭变得工工整整。中国自古以来就重视书写习惯的培养。甲骨文是中国已知最早的成体系的文字，无论是书体还是布局都已体现出书法的意蕴。商代人又是如何学习刻写它的呢？

2010年9月，中国社会科学院考古研究所安阳工作站在殷墟大司空村东北发掘了一座窖穴。窖穴内出土了一版刻辞牛骨。这版牛骨字数多，字体刚劲有力，但内容却有别于一般的卜辞。它采用的是牛的右肩胛骨片，整体呈不规则四边形。骨质坚硬，正、反两面均有刻字，且用竖向的界划线进行分隔。这版刻辞虽有凿痕和灼痕，但并未出现卜辞常用的干支

大司空村出土习刻甲骨

《殷契粹编》第 1468 片习刻甲骨

和"卜""贞""占"等字，刻写顺序也不同于一般骨臼朝下的牛骨卜辞，因此专家们推断它并不是卜辞，而属于习刻刻辞。

卜辞契刻于甲骨之上，受到契刻材料和工具的限制，使甲骨文字的产生比起一般的书写方式有了一定的难度，需要经过一定程度的练习，才能在甲骨上契刻出形体完整、行款合宜的文字。我们在甲骨上看到的一些形体幼稚、语句颠乱的情况，就是习刻者在练习时所遗留的痕迹，也就是我们所说的习刻。

殷墟习刻甲骨一般分为三类，即习字之刻、习辞之刻和示范之刻。习字之刻是初学者练习刀法所遗留，一般文字字体歪斜，无行无列，大小失调，文不成句。习辞之刻经常是以现成的卜辞作为摹写的对象，虽然契刻的水准有待提高，但文不成句的毛病已很难看到。就如同我们学习书法的临帖。至于示范之刻，字体都比较精美，通常混杂在习刻文字或仿刻卜辞之间。最著名的一例，是郭沫若所著《殷契粹编》第1468片。这版甲骨上习刻的是干支表，将甲子至癸酉十日，刻而又刻。其中的第四行字字体纤细且精美整齐，是老师刻出来的范本，其余歪歪斜斜的则是学生所为。同样的干支内容，粗糙和精致的字体相映成趣。这与现在儿童学习写字的方法并无不同。我们甚至可以想见当时的学习状态：弟子习刻，生涩谨慎；老师在旁及时指导纠正，或许还有同窗围拢观摩。

师徒授受的习刻制度虽然不知起于何时，但甲骨上这些结体疏朗、章法有度的字迹却可以称得上是中国书法的渊薮，见证了中国书法自甲骨文以来百练成书的坚守与传承。

（徐　嫣）

亚长牛尊
穿越时空的使者

在商人观念中，体格健壮，有一双弯曲有力大角的水牛更具灵性，所以让它充当人与神沟通的媒介，担负通天地神兽的重要角色，也表达了商人对祖先和自然神至高无上的尊敬之意。

2000 年冬，在殷墟花园庄东地发现了著名的 M54 墓葬，这座墓葬保存完整，出土文物丰富。在出土的大量青铜礼器中，带有铭文的占三分之二，其中有 24 件为"亚长"铭，这表明"亚长"为 M54 的墓主。从墓葬的形制规格以及出土随葬品可以得知，亚长为商王武丁时期的高级军事将领，其地位与武丁王的王后妇好相当。墓葬当中出土的一件牛尊做工精致，造型憨态可掬，是殷墟不可多得的一件青铜精品。

尊是古代的大中型盛酒器和礼器，盛行于商周时期，器型可分为有肩大口尊、觚形尊和鸟兽尊等几类。这类器型出现的时间不长，数量也不多，所以非常珍贵。这件牛尊呈写实的牛形，保存完好，体态健壮。牛的嘴巴

亚长牛尊

商（前1600—前1046）
高22.5厘米，长40厘米，重7.1千克
殷墟花园庄东地M54墓葬出土

微微张开，呈微笑状，背部微微下凹，牛背上有个长方形盖子，盖子中部
有一个半环形小纽，盖子与器身是子母扣扣合，结合得非常巧妙。牛的腹
部浑圆，腹下有四条壮实的短腿，足部为蹄形，后部有突起的小趾，牛的
臀部呈弧线状外鼓，臀后部有条下垂的短尾巴，整件器物的外表碧绿，造
型结构精巧。

　　牛尊的纹饰同样十分繁缛精美。牛身遍布鳞状纹，牛眼的两侧各饰有
一小小的虎纹，牛的下颌两侧各饰一鱼纹，耳下饰有小鸟纹。牛颈两侧、
牛背、牛臀、四足及尊盖上纽两侧均饰有夔纹。牛颈的上部及牛足两端饰
饕餮纹。最引人注目的是腹部两侧的虎纹，虎头朝下，正对着牛的前腿，
虎头正上有卷云纹。虎口大张，嘴角向上翘起，圆角方形的大眼。虎的躯
体较长，虎尾顺着臀部下垂，尾尖向外弯卷。虎的前足在牛尊的腹部中央，
后足在牛后腿上部，足端有四个锋利的虎爪。虎身及双腿饰双线节状纹，
虎尾饰鳞状纹。在虎背上部有一条夔纹，躯体较长，一足，尾部上卷。虎
前后腿之间有两条短体夔纹，口对着虎足。虎纹在殷墟考古发掘出土的青
铜礼器、兵器上不多见，是身份地位和权力的象征。这件牛尊的纹饰共有
26 种以上的动物，包括虎、鸟、鱼、饕餮、夔等。其生动的造型、精美
的纹饰，体现出了商代卓越的青铜铸造技术。

　　古人铸造这种艺术造型的牛尊是为了表达什么特殊的意义呢？在商代
社会，神权色彩十分浓郁，占卜与祭祀在当时的社会中占有相当重要的地
位。青铜礼器主要用于祭祀、宴享等重大礼仪场合。殷商时期的饮酒之风

亚长牛尊侧面

亚长牛尊全形拓

极盛，从商王至平民阶层，都弥漫着嗜酒的风气，酒与殷商文化高度整合，不仅是当时饮食文化的重要组成部分，也是祭祀活动中不可或缺的神圣之物。牛尊也正是用来盛放酒醴祭祀神灵的酒器，被赋予了神圣的内涵，成为礼制的承载品。

在殷墟考古发掘出土的青铜礼器上常见以牛头为造型的纹饰，一些石器也有以牛为造型的，但以牛为整体造型的青铜器仅此一件。牛是殷商时期最常见的家畜，有黄牛与水牛两种。这件牛尊中的牛体格粗壮，四肢较短，头顶有一对向后弯曲的扁三棱状大角，通过这些特征可以发现亚长牛尊是以圣水牛作为原型而塑造的。圣水牛曾是殷商时期殷都最普遍最有代表性的动物之一。商王朝晚期，安阳地区的气候比今天更为温暖湿润，非常适于野生水牛生活，曾是商王田猎的理想场所。有的专家认为，甲骨和文献记载中常见的"兕"，或许并非犀牛而正是这种野生的圣水牛。在殷墟出土的动物骨骼中，牛骨的数量相当多，但大多是黄牛，罕见水牛。为什么遗址出土动物骨骼的种类与青铜礼器上的牛的形态不同呢？殷墟出土的大量动物造型的器具很难见到已被驯化的六畜的写实性雕像，反倒是尚未家养的虎、鹿、熊、水牛、鸟，甚至是兔等野生动物形状器物十分常见。有专家认为，正是由于这些动物未能驯化，野性十足，充满神秘，让人产生敬畏之心，从而促使人们模仿、制作其形象，甚至加以崇拜。商周青铜礼器是沟通天地神灵的媒介，担负着通天地的职责。在商人观念中，体格健壮，有一双弯曲有力大角的水牛更具灵性，所以让它充当人与神沟通的媒介，担负通天地神兽的重要角色，也表达了商人对祖先和自然神至高无上的尊敬之意。

这件商代牛尊集铸造、设计、雕刻艺术于一身，既是重要的青铜礼器，又是精美的艺术品，承载着大量的历史文化信息，是灿烂的殷商青铜文明的结晶。

（魏庆超）

亚址觚角
宴饮长欢者

商代的酒器已经形成完整的体系，每件酒器都有其专项用途，各类酒器可以进行相互搭配和整体组合。殷墟遗址中出土的大量青铜酒器为我们勾勒出商人饮酒的大致场面，而且传递出当时的酒事动作与饮酒风尚。

1990 年秋，中国社会科学院考古研究所安阳工作队在郭家庄西部，发掘清理了十二座商代墓葬，其中 160 号墓是一座未经扰动、保存完整的中型墓葬，出土了许多珍贵的文物。M160 中出土的随葬器物共 349 件。包括铜、玉、陶、石、骨、牙、竹、漆等器类。其中青铜器 288 件，占随葬品总数的 80%。

专家经过研究发现，M160 的青铜礼器有两个不同于其他墓葬的显著特点：一是方形器的数量较多，有方尊、方斝、方觚、方鼎共 17 件，占青铜礼器的 42.5%。二是该墓葬没有出土铜爵而代之以铜角。从以往殷墟墓葬的发掘情况看，墓中随葬的青铜酒器大多是以觚、爵配套出现，而

M160 则出土了十觚十角。

这 10 件方觚的形制、纹饰、大小、铭文基本相似。均为侈口、颈、腹较细长，平底，高足，足下部外撇较甚，下接方座。觚的四角及四边中部各有扉棱一条，扉棱自口至足分成三段，成一直线。上段的扉棱伸出口外 1 厘米，口下饰蕉叶纹，与扉棱合成体，蕉叶纹以下，方座以上，分布着四周分解式的饕餮纹。饕餮均圆角方形眼，有长条形瞳孔，以扉棱作鼻梁。但四周纹饰又略有不同，其构图随着图纹所占空间的大小而有所变化，以云雷纹做地纹。内壁有铭文"亚址"，其中一些口沿上有丝织品的痕迹。

10 件铜角的形制、纹饰、铭文、大小也基本相似。口有两翼，作凹弧形分离，两翼尾呈锐角；深腹，卵形底，三棱形锥尖实心足，足尖外撇。腹之一侧有鋬。双翼下各饰一大三角纹，其间装饰有两到三个小角纹，大三角纹内填以变形倒夔纹。腹部装饰两组饕餮纹。饕餮圆角方眼，眼上有眉，眼外是云状纹大耳，张嘴，有牙。两组饕餮纹之间，以变形倒夔纹补空。器身纹饰以云雷纹衬地。鋬的上端装饰一简化饕餮纹，无地纹。腹外壁与鋬相对处有铭文"亚址"。

亚，是商代的武官官职。在甲骨卜辞和商代青铜器铭文中常有发现。但身份、地位并不完全相同，有的较高，有的稍低，要作具体分析。M160 的面积较大，有殉人 4 人，随葬品数量也很多。在随葬的青铜器中，兵器有 230 件，占全部青铜器的 78%，是殷墟地区所发掘的中型墓葬中随葬青铜兵器数量最多的。兵器的种类也很齐全，有戈、矛、镞、钺、大刀等，

亚址方觚

商（前1600—前1046）

通高30.3厘米，口长15.5厘米

1990年河南安阳郭家庄西160号墓出土

亚址角

商（前1600—前1046）
通高21.6厘米，口长16.81厘米
1990年河南安阳郭家庄西160号墓出土

还发现了 3 件一组的青铜钺。铜钺是商代军事统率权的象征。甲骨文的"王"字即是以钺象形。在殷墟，方形器皿主要出于王室成员和高、中级贵族的墓葬，具体地说，主要出在有 3 套觚、爵以上的较大的墓。M160 随葬方觚 10 件、角 10 件，仅次于妇好墓。随葬觚、爵（角）套数的多少往往体现了墓主人身份的高低。因此我们不难判断，随葬 10 套觚角的 M160 的墓主无疑是一位地位显赫的贵族，是高级别的武将。

大约公元前 1600 年，我国历史进入商朝。商王朝的辖区比夏朝更为辽阔，《诗经·商颂·玄鸟》歌咏商土谓其"奄有九有""邦畿千里"。《淮南子·泰族训》称商国"左东海，右流沙，前交趾，后幽都"。商人以方国为基础建立起一个强盛的王朝。

商朝的农业经济有了更大程度的发展，谷物品种及种植量都在增加。殷墟、河北邢台曹演庄、藁城台西村等商代遗址都曾出土碳化粟、碳化黍，甲骨文中也有许多关于农业与酿酒的卜辞。商代人已经掌握了人工培植曲蘖发酵酿酒的技术，还酿造出一种叫作"鬯"的古酒，一般用于祭礼、占卜以及其他重大场合。"国之大事，在祀与戎"，《礼记》记载："殷人尊神，率民以事神，先鬼而后礼。"意思是说商人尊敬神鬼，频繁地对天地间诸神进行祭祀礼仪活动。酒则在商人的祭祀活动中扮演着重要角色。

商代的酒器已经形成完整的体系，每件酒器都有其专项用途，各类酒器可以进行相互搭配和整体组合。殷墟遗址中出土的大量青铜酒器为我们勾勒出商人饮酒的大致场面，而且传递出当时的酒事动作与饮酒风尚。

商人还把酒的饮用提升到礼节文化的高度，强化了酒的文化含义。殷墟出土的丰富的商代酒器从实物遗留上向我们传递着那个时代的酒业信息，这也使我们看到了中国酒历史自上古承传的永恒脉络。

（徐　嫣）

商代玉燕

燕燕于飞 和鸣锵锵

嫦娥奔月，吴刚伐桂，牛郎鹊桥会织女，敦煌伎乐舞天宫……数不尽的神话传说都是和飞天梦想有关的，浩瀚宇宙，璀璨星河，古人借助想象的翅膀，把梦想寄托在美丽的飞天神话与传说之中。

《诗经·商颂》是商王室后人周代诸侯宋国祭祀先祖之诗篇，陈述了用音乐舞蹈之盛来纪念其先祖的场面。其中，我们看到了商朝始祖诞生的远古神话。然而世界上的每一个民族源头都来源于神话，中国上古神话的起源则多来自母系氏族时代，人们只知其母不知其父，这让当时很多英雄人物都因母亲的"传奇经历"而降生。

"天命玄鸟，降而生商"，《诗经·商颂》中的寥寥八字，让我们看到了商族的起源神话。传说商族的祖先契就是其母亲简狄吞了玄鸟蛋所生。契成人后，成为氏族的第一个男性首领。他既有威武的形象，又有刚毅的性格，同时担任司徒之职的他在治水的过程中，几乎取得了与大禹一样的伟大功绩和崇高声誉。禹将商地赐予契，商族的人把契供奉为始祖。对"天命玄鸟，降而生商"坚信不疑，成为商部族落历经风雨而发展壮大的精神力量。

古人因大山大川的阻隔而活动受限，因而人们梦想着飞上蓝天，自由翱翔的愿望便产生了对善于飞翔的鸟类的喜爱甚至崇拜。在商代，人们对鸟类的崇拜达到了顶峰，甚至可以说，鸟类成了商代重要的图腾之一。目前，从出土的商代甲骨文中可以找到鸟类作为图腾的证据，卜辞上记载了商王对高祖王亥的询问、祷告或是祭祀，甲骨文上写王亥之"亥"字，上面均加一鸟形。王亥是商人的"高祖"，因此将氏族图腾符号"玄鸟"加在其名字上，除加鸟形之外，还有在旁加手形，《山海经·大荒东经》记载："有人曰王亥，两手操鸟，方食其头。"王亥作为商的高祖与鸟有密切关系，也说明商族确以玄鸟作为氏族的图腾。同时出土商代青铜器中有"玄鸟妇"三字合文的青铜壶，应为玄鸟图腾的残余，由"玄""鸟""妇"三字合体而成，也被认为是商人崇拜玄鸟图腾的证据。

除甲骨文与青铜器外，我们在玉器中也可见对鸟类图腾的崇拜。考古人员在1976年发现的妇好墓中出土了755件玉器，其中动物造型的玉器就达266件，鸟类玉器在其中则占有较大比例。商代玉鸟种类颇多，制玉匠人会根据自然界的变化，尽力去夸张鸟类的不同姿态。商代鸟形佩从超现实的凤到自然界普遍存在的鸟应有尽有，刻绘的形象包括了凤、鹦鹉、长尾鸟、鸮、鹤、鸬鹚、雁、燕、怪鸟等，造型生动，别具特色。商代玉鸟大致可分两种，一种为写实型，与真实鸟类区别不太大。例如殷墟博物

母子玉鸟

　　馆展示的母子玉鸟，大鸟在下，小鸟由大鸟托起，双鸟为一体造型，大鸟为高冠，尖喙，抬头状，双翅上翘，下尾微下垂，腹部饰以卷云纹，双翅及尾部饰以宽阴纹，分尾，双足后伸。虽看似整体未完工，但依旧可以看出商人对鸟图腾的崇拜。另一种为夸张型，鸟身装饰凸齿及复杂纹样，鸟头部有高冠。比如玉鹦鹉，圆眼，尖喙内勾，高冠凸显，冠面饰以云纹，并在上侧饰有牙形装饰，双翅后伸呈收拢状，腹部同样饰以云纹装饰，双足微曲。商代玉鸟是天、地、人、神合一的代表形象之一，是商代先民借

玉鹦鹉

以抒发对鸟类的喜爱及对祖先崇敬之情的重要艺术作品。

　　而对于图腾玄鸟的探源，学术界一直处于争论中，无论是传统经学还是古典文献，都认为玄鸟是燕子，而到现代衍生出不同的说法，有凤凰说、乌鸦说、鸱鸮说等。在《说文解字》中"玄"解释为"黑而有赤色者为玄"。《毛传》是现存最早的完整的《诗经》注本，在其中对《诗经·玄鸟》释为："玄鸟，鳦也，一名燕，音乙。"解释玄鸟是燕子。从颜色特征来看，玄鸟为一种黑中带红的鸟，而燕子通体黑色，眼睛和喙周围的羽毛是红

沁玉燕形玉

色，燕子便符合了这一生理特征。从目前殷墟出土的鸟类玉器中，我们也看到大量的燕形玉器。在博物馆鸟形玉陈列的展柜中，我们就可见燕形玉器，这件沁玉燕形玉，颜色独特，作引颈展翅飞翔状，尖喙，双翅两侧伸展，分尾，头下有斜向对钻孔，方便佩戴。另一件燕形玉呈青色，作滑翔之势，短喙前伸，双翅展开，以阴线示羽，呈分尾状，中部双向穿孔。

在农业为主的商代，古人认为鸟类有着超凡的力量，它们来来去去，控制着寒凉暑热，支配着农业生产，"玄鸟"燕子，春分来秋分去，名为

燕形玉

"司分"。千百年来，虽然人类时时刻刻都在受地球引力的束缚，但从未停止对飞天的渴望。嫦娥奔月、吴刚伐桂、牛郎鹊桥会织女、敦煌伎乐舞天宫……数不尽的神话传说都是和飞天梦想有关的，浩瀚宇宙，璀璨星河，古人借助想象的翅膀，把梦想寄托在美丽的飞天神话与传说之中。当今航天事业问天、邀月、追"星"，神话已经悄然变为现实，仰望满天繁星，我们正在向更广阔的星辰大海出征。

（罗　斌）

铜质手形器

臻备无缺

一件铜手还原了历史的真相，一场探索拉近了我们和古人的距离。

2000 年底，安阳殷墟花园庄村发现一座商代贵族墓葬，编号 M54。墓葬呈竖井形，长 5 米，宽 3.3 米。随葬品极为丰富，共出土铜器、玉器、石器、陶器、骨器、蚌器、竹器、象牙器、金箔、贝类等各类遗物 570 余件，其中玉器 222 件，陶器 21 件，石器 6 件，骨器 60 件，象牙器 2 件，竹器 1 件，青铜器 200 余件，以鼎、簋、罍、方尊、方斝、甗、方彝和各种兵器为主要，在众多青铜器中，专家们发现一件非常奇特、前所未见的铜手形器。考古报告对此铜手形器的描述为“手形器”，出土于墓主人小腿处，整体比一般成人手略小，右手，呈微曲半握状，手心内凹，手背微凸。五指比例适中，指关节清晰，指尖圆滑，甚至能见到指甲形象。每根

M54号墓葬俯视

手指上有两条竖向凹槽，手背装饰饕餮纹图案，该饕餮纹图案仅有一半兽面，目形眼，瞳孔下坠，内眼角下垂，卷鼻，咧嘴，无角与眉的形象。饕餮纹下以卷云纹装饰。手腕截面呈椭圆形，柄腔内残留有已碳化的木柄。

对于这件铜质手形器的用途，专家们众说纷纭，有人推测可能是抓挠，有人推测是取食物用的笊篱，也有人推测可能是一种武器。经过专家们研究后认为：铜质抓挠从尺寸来看，过重且凉，冰凉感会刺激肌肤，不便于使用；如果是捞取食物用的"笊篱"，又为何要铸出手指关节，还要分左右手？显然这种推测也不成立；至于"武器"的推论，尽管在殷墟妇好墓出土"铜多钩形器"后，相继又出土了飞钩、飞挝或双飞挝、飞爪、龙吘（梅叱）等兵器，虽都略呈手形，但是这些兵器与此件手形器毫无相像之处，兵器的主要目的是杀伤敌人，应锋利尖锐，或有倒钩倒刺，而此件手形器指尖圆滑并不尖锐，器形较小，因此，应该也不是一种武器。

M54号墓葬发掘出土的近一半青铜器中都铸有"亚长"铭文。"亚"字 ✛ 像个框形，是商代高等级的武官官职。"长"字 𝘹 像一个头发很长的老者佝偻着背，拄着拐杖，是墓主人家族的姓氏。"长"姓在商、周时期，是名门望族，备受国王宠爱。根据这些信息鉴定，墓主人应是一名商朝"长"姓高级军事将领。另外，通过对墓葬中发现的亚长骨骼和牙齿鉴定并分析后发现，墓主生前可能多次出征。在甲骨文中曾出现有关于疾肘、疾肱的记载，因此推测，墓主人极有可能在战争中失去右手，然而商代医疗水平及方法有限，一旦手臂伤残，无法及时得到医治，只有保持终身残疾。

铜质手形器

商（前1600—前1046）

通长13.03厘米

2000年河南安阳花园庄村M54号墓葬出土

"亚长" 铭文

商代青铜铸造技术极为发达，亚长作为重要的军事将领，拥有极大的权势和财富，很有可能令工匠铸造一个铜的假手来代替伤残的手，在作战和生活中能够起到辅助的作用。这件铜手出土时，手内放置两个骨质锥形器。骨锥是一种工具，应是在装卸假手时有方便系绳子或解绳子的作用，因此手形器上放置的两个骨质锥形器，与这件铜手形器的使用有密切关系。在最后一次战争中，亚长重伤倒地，因缺少右手无法扶地起身，将左侧身体暴露给蜂拥而上的敌军，他身上有多处钝器击伤或利刃砍伤的伤口，7 处创伤中 6 处都集中在身体的左侧，很多次都是连续击打、致命性的伤痕，亚长最终无力抵抗，战死疆场。

在殷墟像亚长墓这样规格的墓葬一般很难有尸骨保留下来，而亚长的尸骨保留下来了并且没有全部腐蚀。在清理亚长骨骼时，考古学家发现在他的身上、身下有大量已经碳化的植物颗粒，这些植物颗粒如绿豆般大小，有些甚至深入到骨骼里形成了斑点状的凹坑，这种情况在殷墟还是第一次发现。经过植物考古学家鉴定，这些植物颗粒是花椒。花椒是食材也是药材，在中医上主要起镇痛作用，有杀虫止痒的功效。因此推测，亚长身上所撒的大量花椒是用来防止尸体腐化的。巧合的是，在河南省东南方向的固始县发掘的一座殷墟时期的墓葬里，同样发现了花椒。河南南部、湖北北部的一些楚国墓葬里也经常可以看到花椒。

另外，通过对亚长的牙齿做锶同位素值提取测定，结果发现，其比值明显高于殷墟本地动物和其他墓主人等锶的同位素比值。所以基本可以认

亚长尸骨中发现花椒

定，亚长不是殷墟当地人。更有趣的是，15 只殉狗的锶同位素比值与殷墟本地相近；15 个殉人中，位于棺椁之间，与墓主亚长较近的 6 人锶同位素比值与墓主一样，高于殷墟当地比值，而其他 9 人则与殷墟本地锶同位素值相当。这说明，亚长与这 6 位殉人来自安阳殷墟以外的区域。那么，亚长到底来自哪里呢？结合上述花椒的使用习俗，我们推测亚长应该是商王统治区域内位于河南的东方或南方的方国首领，他臣服于商王，在商王的号令下出征打仗，驰骋疆场，但最终战死疆场。

锶元素原本存在于自然界的矿物之中。植物生长于土壤，便会从土壤中吸收锶。动物再食取植物，于是动物身体中也存在锶。人类通过饮水、食用植物和动物肉类，会将锶摄入体内。不同地区由于地质环境不同，土壤、水和动植物体内锶同位素比值水平也不同。锶同位素随着摄取食物进入人体的骨骼、牙齿、头发。有趣的是，人类在少年儿童时期摄入的锶在换牙时进入牙齿，换牙之后，锶同位素比值将留在牙齿的珐琅质中，一生之中不再改变。但人们在继续生存的过程中，还继续摄取食物（包括饮水），将不可避免地摄入新的锶元素。新摄入的锶进入人体，保存在除牙齿之外的人体骨骼中。如果换牙后摄取的锶同位素与换牙前有较大改变，则人的牙齿与骨骼中的锶同位素水平就会出现新的差异。利用这个原理，考古学家找到了一种研究人群迁移的方法。

一件铜手还原了历史的真相，一场探索拉近了我们和古人的距离。这是迄今为止发现最早的假手，铜质手形器不仅体现了商代工匠高超的铸造工艺和巧妙的构思，也是商代人民智慧的又一次闪光。

（曹　阳）

文字镶嵌绿松石甲骨

证『骨』泽今

这件甲骨上的文字镶嵌的绿松石已有部分脱落。幸运的是，这件甲骨在被盗严重的 M11 中保存了下来，穿越三千多年的时间，承载着墓主人功昭后人的愿望，带我们回到"国之大事，在祀与戎"的商代，领略当时田猎的盛况。

本篇介绍的是我国博物馆现存唯一一件文字镶嵌绿松石的甲骨。2005年，由中国社会科学院考古研究所安阳工作队在安钢基建范围内一座殷商晚期"中"字型大墓 M11 中发现。甲骨出土于墓室北部二层台上，出土时甲骨的两端均已残缺，存有 16 个用小绿松石镶嵌的文字。

壬午，王迻于召窐（塞），征（延）田于麦麓，隻（获）兕，亚易（赐）……

通过专家释读，这是一块记事甲骨。大意为：在壬午这一天，王到召塞巡视，而后进入麦山之麓田猎，捕获了一只兕，赐给亚……

短短的甲骨刻辞中包含着众多信息。"壬午"是干支之一，顺序为第19 位。古人使用干支纪日，商代习惯先记录日再记录月。周成王后，人

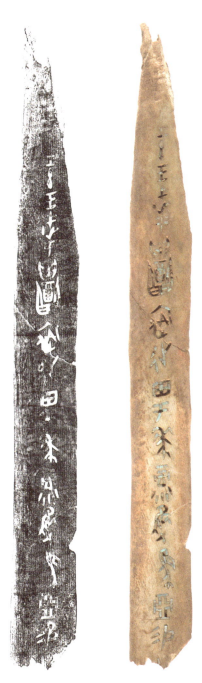

文字镶嵌绿松石甲骨

商（前1600—前1046）

长26.5厘米，最宽处2.3厘米

2005年安阳殷墟M11出土

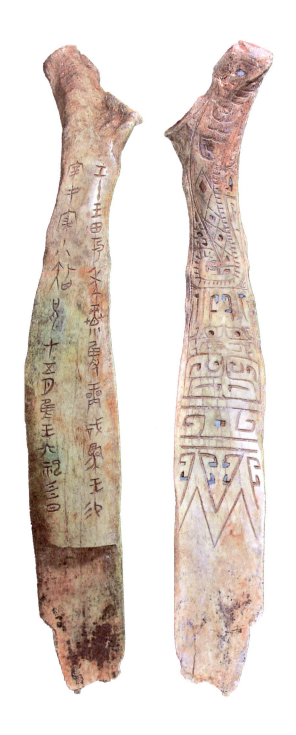

完整宰丰骨柶正面与反面

们记录时间的习惯才变成年月日的形式，并沿用至今。"王"指的是商王，但是无法确认是哪一位王。"迷"是巡视的意思。"召"是地名。"窜"是一种建筑，但对于其用途还有争议，有人认为是祭祀场所，有人认为是商王行宫。"徙"是到的意思。"田"既可作为农田也可作狩猎之地。"隻"的甲骨文字形为一只手抓住一只鸟，意为获，多用于跟田猎有关的甲骨卜辞中。"兕"为野兽名，商代晚期以后逐渐灭绝的牛类动物。"亚"为官名，"易"为赏赐。"亚易"是赐亚的意思，赏赐者是商王，受赏者是亚。因甲骨下半部分缺失，赏赐物品不得而知。

这 16 个字的刻辞记录了商王田猎的情形。巧合的是，《殷契佚存》518、426 著录的两件雕花镶嵌绿松石的宰丰骨柶，也记录了商王到麦麓田猎，同样捕获了一只兕的事情。

宰丰骨柶刻辞释文：

壬午，王田于麦麓，隻（获）商戠兕，王易（赐）宰丰、（寝）小[耤]兄，才（在）五月，（唯）王六祀肜日。

壬午，王田于麦麓，隻（获）……宰丰、（寝）小[耤]兄……

宰丰骨柶刻辞记录了帝乙六年五月肜祭的壬午日，商王在麦麓狩猎获色泽异常的猛兕，为纪念这次狩猎特用兕骨制成器物赏赐宰丰、寝小，铭以为纪。

三件甲骨刻辞所记录的时间、地点、事件如此相似，我们是否可以大胆地推测，这三件甲骨来自同一次田猎捕获的同一头兕？将宰丰骨柶刻辞与文字镶嵌绿松石刻辞记事互补后得知，商王先到召塞巡视，而后因田猎进入麦楚，捕获一只颜色异常的猛兕，出于旌功纪异，特用兕骨赏赐给宰丰、寝小、亚等随行官员。受赏者在兕骨上刻辞记录此次田猎及受赏情况，但记录形式却不相同。

宰丰骨柶一面刻龙纹、兽面纹、蝉纹并镶嵌 14 颗绿松石，另一面刻写文字，是少数先由巫史将文字写在龟甲兽骨上，而后再按照字迹刻写的甲骨，其文字分两行平行对齐，字体头粗尾细，结构整齐严密，与单纯刀刻的甲骨文有所不同。

文字镶嵌绿松石甲骨出土的墓葬 M11 形制、面积、埋葬葬具、深度及所表现的墓主人身份，无法与殷墟西北冈王陵级大墓相比，在殷墟只能称之为较大型墓葬。墓主人身份应为当时的上层贵族。他陪同商王田猎并得到赏赐后十分高兴，认为这是一件光宗耀祖的事情，希望这件事可以流传下去让子孙后代为之骄傲。便命人直接用刻刀在兕骨上刻字记录，又觉得仅刻字无法表现此次田猎的盛况及对受赏的重视。便将刻好的文字字口加宽，使其宽窄一致，然后命工匠依照纹路走向，将绿松石切割成马赛克样各种合适的形状，再用树胶、蜂蜡等黏合剂，黏在甲骨文的刻槽中，为达到最大的审美效果，工匠在制作时会尽量保证绿松石嵌片厚度一致。待绿松石镶嵌好后，再用错石等工具打磨表面使其光滑，使绿松石与兕骨浑然一体。随着时间的流逝，这件甲骨上的文字镶嵌的绿松石已有部分脱落。幸运的是，这件甲骨在被盗严重的 M11 中保存了下来。穿越三千多年的时间，承载着墓主人功昭后人的愿望，带我们回到"国之大事，在祀与戎"的商代，领略当时田猎的盛况。

在商代，祭祀与征战是国家的头等大事。田猎获取猎物是祭祀品和殉葬品的主要来源，而且田猎时可以排兵布阵做军事演练，还能通过田猎展示国家军事实力威慑敌国。田猎需侦察兽情、制定计划、组织分工、配置装备、各司其职、弓马娴熟，与行军作战如出一辙。较大规模的田猎不但能提高全军的战斗意识和实战经验，而且可以加强军队情报搜集、物资运输等后勤辅助能力。在交通不便补给困难的商代，远距离征战时，食物的获取除靠沿途臣服的方国进献外，田猎是食物的重要来源，既进行了军事演习又补充了军需。获取的猎物不但可以果腹而且可以用其皮毛制衣、用其骨角制器，田猎也成为农业和畜牧业的补充。后人之所以可以如此详尽地了解三千年前商人的生产生活，得益于1899年甲骨文的发现。

甲骨文，是刻在龟甲和兽骨上的文字，是我国迄今为止所能见到的最早成体系的文字，是中华文明的符号、标志、载体，印证了《世本》《史记》等文献的真实性。虽然商周之后甲骨文便被埋于地下，但是甲骨上的汉字符号的构造及他们所蕴含的思想，悄然影响着中华文明的发展航向。从甲骨文被埋到1899年重见天日至今，在三千年的漫长岁月中，甲骨文似乎不见踪迹，但是在中华文明一脉相承绵延发展的过程中，甲骨文始终没有消失。

（王婧怡）

作册兄鼎

有册有典

贞人即负责贞问、卜问之人。他们既是甲骨文的写刻者，亦是历史的记录者，我们现在所看到的甲骨文记述的事件，即由他们完成。可以说贞人在无意之间完成了对历史的记载。

　　大约在公元前 16 世纪，商汤推翻夏王朝，建立了我国历史上第二个王朝——商朝。公元 1899 年，王懿荣发现甲骨文，其后诸多学者关注于此；1908 年，著名金石学家罗振玉经过细心探访，终于最先了解到甲骨的真正出土地；在 1911 年春天，派自己的弟弟罗振常探访安阳小屯，直到 1928 年 10 月 13 日，董作宾先生主持了殷墟的第一次科学考古发掘。近百年的考古发掘，使得殷商社会的风貌逐渐清晰，弥补了传世文献在殷商一段历史的空白。殷商文明的发展达到了一定的高度，有了相对成体制的政治制度。商朝的国家机构在"夏后氏官百"的基础上逐渐完善，虽然存世文献材料不多，但殷墟出土的青铜铭文和甲骨卜辞中为我们保存了不

作册兄鼎

商（前1600—前1046）
通高22.4厘米，重2.3千克
1987年安阳殷墟郭家庄50号墓葬出土

少有关商代国家机构设置的材料。

殷墟博物馆馆藏的作册兄鼎，1987年出土于安阳殷墟郭家庄50号墓葬中。鼎为侈口，口上有拱形立耳，束颈，分裆，足上粗下细，其断面呈橄榄形。器身厚重。整器满饰花纹，颈部装饰三组对夔组成的兽面纹，上、下分别以连珠纹带为界，腹部饰三组兽面纹，以扉棱为鼻，三足与扉棱垂直相应，从整体看，仿佛三个象面，鼎足则为象鼻。内壁口沿下有铭文三字"作册兄"。时代属殷商晚期。

《尚书·多士》记载了周公对殷商遗民说的一段话："惟尔知，惟殷先人，有典有册，殷革夏命。"意思是，你们都是殷商遗民，都知道殷商先王"有典有册"，里面讲了"殷革夏命"的道理。"有典有册"，典为"大册"，"册"指册命。"册"字象征一捆简牍，编以书绳二道，最早见于殷代甲骨卜辞。和册字相关的"典"字，象征着"册"在案几上，亦见于两周金文。这两个字，常指史官记录帝王诰命的文件。《说文解字》解释"册"为"符命"，这里援引学者解释："古代王者封赏诸侯，先刻命辞于简上，编成册，及举行封赏之礼于宗庙，由史官读命辞。读毕，诸侯受此册而宝藏之，以为符信。"这是册字最初的意思。封赏诸侯的王命称册命，简称册。册命所用简册具有与众不同的特殊形制，成为君王封赏诸侯的"符信"。

甲骨文与殷商金文反映出直到商朝末年都有"作册"的官职。史源于巫，这是关于史官起源最普遍的认识。商代社会还处于巫史不分的时期，

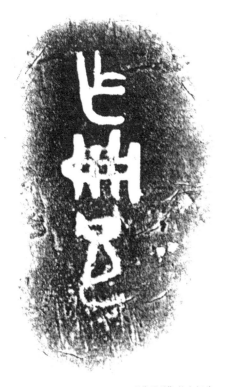

"作册兄"铭文拓片

记史之人往往就是掌管巫术活动的职官。此类职官主要有史、作册、贞人、巫、舞臣等。在甲骨文中，贞人团体是一个很常见的类别。贞人即负责贞问、卜问之人。他们既是甲骨文的写刻者，亦是历史的记录者，我们现在所看到的甲骨文记述的事件，即由他们完成。可以说贞人在无意之间完成了对历史的记载。商代青铜器铭文中所见"作册"有"作册般""作册友史""作册兄""作册豊"等。值得注意的是"作册"与"史"，"史"与"贞人"虽然界限有所重合，但也存在区别。学者概括西周时期作册的职事为：献胙、铸造礼器、册告、代王出使、管理旗帜。商代作册所有职事，通过商代青铜器铭文推断，是"伐人方"，或侍于商王左右……由于出土资料的限制，很难做出更为详细的推断。估计其有可能与西周类似，同时兼有军事、出使任务。

商人在商汤时期已经进入了王朝阶段，建立起了君主专制的政体和相对完整的国家机器，具有了国家的规模和特征。拥有一套较为可行的体制运行体系，并对后世产生了深远影响，甚至奠定了制度设计的基调。这是大量的出土文献，诸如甲骨卜辞、商代青铜器铭文，可以印证的。

商代王室的运行是以商王为中心，商王对王畿特别是王都实施直接的、完全的支配统治，对各地的庶邦实施间接的统治或者支配。在商王室力量强大时，这种统治力是很强的，而在王权弱化之时又会弱化这种统治力。在制度设计的核心层面，则是在王室设置了各种职官，各司其职，辅助商王完成统治。而在面对众多庶邦之时，商王朝采取了内外服制度，《尚书·酒诰》亦云："越在外服侯、甸、男、卫邦伯，越在内服百僚、庶尹、惟亚、惟服、宗工越百姓里居。"商王室的职官则大部分集中于内服。所谓"内服"，即治事于内者，"助王成德"。可以确认的是，商王是商王朝的最高统治者，在商王室，商王之下设置辅政职官、记史职官、文武职官、侍应内务职官、宗教文化类职官以及各类行政长官及执行、监督职官等。

商代各种职官的职能并非如后世发展的那样鲜明清晰，这时的职官界限在一定程度上也有所交叉，这是早期政治制度的重要特点之一。但是，就是这种职官体系，基本上满足了商王室职能的运行，体现出了国家机器发展的雏形。也有很多影响深远的政治架构，基本上勾勒出了后世制度发展的脉络。但由于其社会发展处于萌芽时代，其制度的设计势必带有某种原始性的成分，比如君权和宗权紧密结合，带有浓重的血缘习俗、官职分工不明确、神权地位过重等，这都是和商所处的时代、所进行的政治实践的程度密切相关的。

（徐　嫣）